노자 맨발로 서울에 오다. 하

- 〈도덕경〉 다시 보기 -

권혁인

권 혁 인

대전에서 태어났다.

1981년 서울대 사범대학에 진학하여 지리교육을 전공하고 고등학교 지리 교사로 임용되었지만, 전국교직원노동조합 건설 투쟁에 참여하면서 1989년 해직되었다. 그 뒤 전교조 노래패로 활동하다 오페라 연출가 문호근을 만나 음악극을 배우면서 여러 공연 무대에 섰다.

1994년 중학교 사회 교사로 복직한 뒤 몇 년 동안 교사 극단「징검다리」에서 연극 음악을 만들기도 했다.

교직을 그만둔 뒤 음악 공부를 다시 시작하면서 첫 저서 《뮤지컬 산책》(푸른길, 2015년)을 냈으며, 요즘은 《도덕경》 연구에 힘을 쏟고 있다.

노자, 맨발로 서울에 오다 하 - 《도덕경》 다시 보기 -

초판 1쇄 인쇄 2017. 8. 14.
초판 1쇄 발행 2017. 8. 16.

지은이 권 혁 인
펴낸이 김 경 희
펴낸곳 ㈜ 지식산업사
　　　　본사 • 10881 경기도 파주시 광인사길 53
　　　　　　전화 (031) 955-4226~7 팩스 (031) 955-4228
　　　　서울사무소 • 03044 서울특별시 종로구 자하문로6길 18-7
　　　　　　전화 (02) 734-1978　팩스 (02) 720-7900
　　　　영문문패　　www.jisik.co.kr
　　　　전자우편　　jsp@jisik.co.kr
　　　　등록번호　　1-363
　　　　등록날짜　　1969. 5. 8.

책값은 뒤표지에 있습니다.

* 이 책을 읽고 지은이에게 문의하고자 하는 이는
지식산업사 전자우편으로 연락 바랍니다.

노자, 맨발로 서울에 오다 하
- 《도덕경》 다시 보기 -

권혁인

지식산업사

차 례

하 권

상 권

◈ **일러두기**

▇ 왕필본王弼本을 저본으로 하였다.

▇ 한자 풀이는 《한한대자전漢韓大字典》(민중서림, 1988)에 따랐다.

▇ 한자 용례用例와 한문법은 '노자 선양회'와 '이야기 한자 여행' 카페를
참고하였다.

▇ 오역誤譯이나 악역惡譯의 본보기로 김용옥과 이경숙의 풀이를 인용
하였다.

제47장 성인 닮기를 옳게 여기면 다 이루어지느니라

달아나지 말고 천하를 알려 주소서.	불 출 호 지 천 하 不出戶 知天下
들창을 엿보지 말고 천도天道를 드러내소서.	불 규 유 현 천 도 不窺牖 見天道
만약 달아나신다면 더욱 알기 어렵게 되고	기 출 미 원 其出彌遠
그 앎도 더욱 적어지리이다.	기 지 미 소 其知彌少
성인聖人 닮기를 옳게 여기라.	시 이 성 인 是以聖人
그리하면 가르침을 베풀지 않아도 알 것이요,	불 행 이 지 不行而知
드러내지 않아도 이름이 나리니,	불 현 이 명 不見而名
위爲하지 않더라도 이루어지느니라.	불 위 이 성 不爲而成

이 대목은 노자가 이제 그만하고 가겠노라고 하자 윤희가 이를 만류하는 장면이다. 노자는 마음이 급했을 것이다. 노자를 잡으려는 추격군이 시시각각 다가오고 있을 티인데 너무 오래 머물러 있었다는 생각이 들었던 것이다. 그래서 이만하고 나를 보내달라고 하자, 윤희가 그럴 수 없다며 가르침을 더 베풀어 달라고 하는 장면이다.

○ 不出戶 知天下

'집(문)을 나서지 않아도 천하天下를 알며 들창으로 엿보지 않아도 천도天道를 보느니라'. 흔하며 그럴듯한 풀이다. 그러나 노자가 제아무리 능력이 뛰어났던들 어찌 집안에서 천하를 알 것이며 살펴보지도 않고 어찌 천도를 알 수 있겠는가. 이런 식으로 풀이해 놓고는 노자가 무슨 천리안이나 신통력을 지니기라도 한 것처럼 생각하게 했으니 오역도 이런 오역이 없다.

불출호不出戶에서 불不은 금지사禁止詞다. '~하지 말라'는 뜻이다. 출出은 '나갈 출'이기도 하고 '달아날 출'이기도 하다. 따라서 이 글귀는 '달아나지 말라', 가지 말라고 부탁하는 말이다.

지知는 '알 지'가 아니라 '알릴 지'다. 따라서 지천하知天下는 내게 '천하天下를 알려 달라', 곧 세상 돌아가는 이치와 삶의 철학, 원칙을 가르쳐달라는 말이다. 내 부탁을 들어주지 않는다면 당신을 관군에게 넘길 수도 있다는 은근한 협박이기도 했을 것이다.

○ 不窺牖 見天道

불규유不窺牖는 '들창을 엿보지 말라'는 말이다. 아마도 마음이 급해진 노자가 자꾸만 창밖으로 눈길을 돌렸던 모양이다. 시간이 얼마나 지났는지, 혹시 추격군이 나타난 것은 아닌지, 이 들창을 넘어 몸을 빼칠 수는 없는지 참으로 초조한 마음으로 창밖으로 눈길을 돌리고 있었을 것이다.

見은 '볼 견'이 아니라 '나타낼 현'이다. 드러낸다는 말이다. 따라서 현천도見天道는 '하늘 도를 드러내 보이라'는 뜻이다. 그렇게 안절부절하지 마시고 제게 천도天道를 드러내어 보여 달라는 간곡한 부탁이다.

○ 其出彌遠 其知彌少

앞의 기其는 조건이나 가정을 나타낸다. 또는 '장차'라는 뜻을 지닌 부사로 볼 수도 있다. 출出은 '달아날 출', 미彌는 '더욱 미'다. 이때 원遠은 '멀 원'인데 '알기 어렵다'는 뜻이 있다. 따라서 기출미원其出彌遠은 '만약 (선생께서 이쯤에서) 달아나신다면 (선생의 도는) 더욱 알기 어렵다'는 말이다. 이제 조금 알아듣기 시작했는데 여기에서 그만둔다면 앎이 더욱 혼란스러워지리란 말이다.

기지미소其知彌少에서 기其는 지시대사다. 소少는 '적어질 소'다. 따라서 이 글귀는 '그 앎은 더욱 적어지리라'는 말이다.

○ 是以聖人

시是는 '옳게 여길 시', 이以는 '닮을 이'다. 따라서 이 글귀는 "성인 닮기를 옳게 여기라"로 옮긴다. 윤희가 노자를 붙들고 가르침을 더 베풀어달라고 청하자 노자가 걱정하지 말라며 한 말이다. 내가 달아나고 없더라도 이미 할 말은 다했으니 그대로만 따른다면 스스로 깨닫고 이룰 수 있으리라는 뜻이다.

○ 不行而知

이 글귀를 흔히 '가지 않아도 안다'로 풀이한다. 앞에 나온 不出戶 知

天下를 '문밖을 나서지 않아도 천하를 알다'라고 보고 행行을 '갈 행'으로만 생각하니 이런 번역이 나올 수밖에 없다. 그러나 '가는 것'과 '아는 것'이 무슨 상관이 있겠는가?

여기에서 行은 '행할 행'이다. '베풀다, 주다'는 뜻이다. 이而는 역접을 나타내는 접속사다. 지知는 '알 지'다. 따라서 이 글귀는 "베풀지 않아도 안다"는 말이다. 성인聖人 닮기를 옳게 여긴다면 내가 남아 가르침을 베풀지 않더라도 도道가 무엇인지 알 수 있을 것이니 나를 이제 그만 보내 달라는 것이다.

○ 不見而名 不爲而成

이경숙은 명名을 '가려 본다'로 보고 있으나 명名에 '가리다(구별하다)'는 뜻은 없다. '이름날 명'으로 새겨야 옳다. 더구나 見은 '볼 견'이 아니라 '나타낼 현'이다. 따라서 불현이명不見而名은 성인 닮기를 옳게 여겨 도道를 깨닫는다면 '자신을 드러내려고 하지 않아도 그 이름이 널리 알려진다'는 말이다.

그러므로 나를 드러내어 '체'하지 않으며[不爲], 성인을 본받아 하늘 이법을 따르니 모든 것이 다 이루어진다[成].

제48장 늘 무사無事로써 천하를 취할 수 있느니라

학문을 함은 날로 더하는 것이요,

위 학 일 익
爲學日益

정치를 한다는 것은 날로 더는 일이라.

위 도 일 손
爲道日損

덜고 또 덞으로써 무위無爲에 이르라.

손 지 우 손 이 지 어 무 위
損之又損以至於無爲

무위無爲하여도 다스리지 못함이 없느니라.

무 위 이 무 불 위
無爲而無不爲

늘 무사無事로써 천하를 다스리라.

취 천 하 상 이 무 사
取天下 常以無事

유사有事에 미치면 천하를 다스릴 수 없느니라.

급 기 유 사 부 족 이 취 천 하
及其有事 不足以取天下

○ 爲學日益 爲道日損

학문은 모르는 것을 알아가는 일이다. 앎을 더하여 지식을 쌓고 또 쌓는 것이다. 이때 위爲는 '하다'는 뜻도 있고 '배우다'는 뜻도 있다. 그러므로 위학爲學은 '학문을 하다'로 옮겨도 좋고 '학문을 배우다'로 옮겨도 좋을 것이다. 일日은 '나날 일'이다. '나날이'라는 뜻이니 위학일익爲學日益은 '학문을 함(배움)은 나날이 더하는 것'이라는 말이다.

여기에서 도道는 '다스릴 도'이니 위도爲道는 정치를 한다는 말이다. 따라서 이 글귀는 '다스린다(정치를 한다)는 것은 나날이 더는 것이다'란 뜻이다. 정치라고 하면 억압, 규제, 조정과 같은 것을 떠올리는 우리들 생각과는 많이 다르다.

그렇다면 무엇을 더하고 무엇을 덜어내는 것일까? 바로 위爲와 사事다. 위爲는 꾸미고 지어내어 억지로 하는 것이며, 사事는 위爲를 통해 벌어지는 과정과 결과다. 학문을 한다는 것은 틀과 뼈대를 세우고 내용을 채워야 하는 일이다. 위爲와 사事를 날로 더하는 것이다. 그러나 정치는 위爲와 사事를 날로 덜어내는 일이어야 한다. 억압과 규제를 더는 것이 참된 정치라는 말이다.

○ 損之又損以至於無爲

이 글귀는 '손지우손損之又損함으로써 지어무위至於無爲하라'는 말이다. 지어무위이손지우손至於無爲以損之又損에서 이손지우손以損之又損이 앞으로 나가면서 이以와 손지우손損之又損이 자리를 바꾼 것이다. 손지우손損之又損은 손지이우손損之而又損에서 접속사 이而가 줄어든 꼴이니 '덜고 또 던다'는 뜻이다. 지어무위至於無爲는 '무위에 이르라'는 말이다. 위爲와 사事를 덜어내고 덜어내어 마침내 짓고 꾸며낸 '체'함이 없는 상태에 이르는 것이 바로 올바른 정치라는 것이다.

○ 無爲而無不爲

이 글귀에 두 번 나오는 위爲는 뜻이 서로 다르다. 무위無爲의 위爲는 '체할 위'이고 무불위無不爲의 위爲는 '다스릴 위'다. 따라서 무위無爲는 '체'함이 없음을 가리킨다. 위爲와 사事를 덜어내고 또 덜어냈으니 남 앞에서 '체'할 것이 전혀 없는 상태다. 그러므로 이 글귀는 "체함이 없어도 다스리지 못함이 없다"는 뜻이다. 엄정한 척 억압하거나 규제하지 않고 순리를 따르면〔無爲〕 참된 정치를 할 수 있다는 말이다.

○ 取天下 常以無事

취取는 '취할 취'다. 여기에서는 '다스리다'는 뜻이니 취천하取天下는 '천하를 다스리라'는 뜻이다. 상이무사常以無事에서 이以는 '써할 이'다. 따라서 상이무사常以無事는 '늘 무사無事로써 하라'는 뜻이다.

그러므로 이 글귀는 "늘 무사無事로써 천하를 다스리라"는 말이다. 정치의 요체는 무사無事라는 것인데 이때 무사無事란 '일이 없다'는 뜻이 아니라 쓸데없이 '체'하는 일, 꾸미고 지어내어 순리를 거스르는 일을 하지 않는다는 말이다.

○ 及其有事 不足以取天下

급기유사及其有事는 '그 유사有事에 이르다'는 말이다. 유사有事는 무사無事의 반대다. '꾸미고 지어내서 체하는 일'이다. 순리順理가 아니라 역리逆理다. 이렇게 순리를 거슬러 꾸미고 '체'하는 유사有事로는 천하를 얻을 수 없으며 오히려 천하를 소란스럽게 한다.

부족이不足以를 '부족하다'로 옮기는 일이 많은데 그렇게 옮겨도 큰 뜻은 다르지 않겠지만 문법으로 보면 옳지 않다. 족이足以가 '~할 수 있다'는 뜻이므로 부족이不足以는 '~할 수 없다'는 뜻이다.

그러므로 이 글귀는 "그 유사有事에 이르면 천하를 다스릴 수 없다"고 옮길 수 있다. 정치라는 것이 규제와 억압을 더하여 꾸미고 '체'하는 일이 되어서는 안 되며 그런 위爲는 나날이 덜어내야 한다는 것이다.

제49장 성인은 백성들 마음을 제 마음으로 삼느니라

성인은 고정관념[常心]이 없고

성인 무 상 심
聖人無常心

백성들의 마음으로써 제 마음을 삼느니라.

이 백 성 심 위 심
以百姓心爲心

옳게 여긴다면 나도 옳게 여기리라.

선 자 오 선 지
善者吾善之

옳다고 여기지 않는다면 나도 그렇게 여기리라.

불 선 자 오 역 선 지
不善者吾亦善之

옳다고 여기는 것을 덕으로 여기라. 백성들이 믿
는다면 나도 믿으리라.

덕 선 신 자 오 신 지
德善 信者吾信之

백성들이 믿지 않는다면 나도 그렇게 믿으리라.
믿음을 덕으로 여길지니라.

불 신 자 오 역 신 지 덕 신
不信者吾亦信之 德信

성인聖人은 천하를 살펴 (사람들 마음을) 거두고
거두니

성 인 재 천 하 흡 흡
聖人在天下歙歙

하늘 이법을 배워 겸손하라. 그 마음을 가지런히
하라.

위 천 하 혼 기 심
爲天下 渾其心

백성들이 모두 이목의 쾌락에 뜻을 두지만,

백 성 개 주 기 이 목
百姓皆注其耳目

성인은 그들을 보고 웃느니라.

성 인 개 해 지
聖人皆孩之

○ 聖人無常心

'성인聖人은 상심常心이 없다'는 말이다. 상심常心은 늘 변치 않고 고정된 마음이다. 상심常心이 없다는 것은 줏대 없이 이리저리 흔들린다는 말이 아니라, 마음이 넓고 융통성이 있다는 뜻이다. 성인은 한쪽만 바라보거나 비틀린 눈으로 보지도 않으니 고정관념에 사로잡혀 있지 않다는 말이다.

○ 以百姓心爲心

이렇게 고정관념에 사로잡혀 있지 않으니 백성들의 마음을 제 마음으로 삼는다. 말하자면 저만 옳다는 독단에 빠지지 않고 백성들 마음을 먼저 살펴본다는 얘기다. 성인은 "백성들의 마음으로써 제 마음을 삼는다."

○ 善者吾善之 不善者吾亦善之

'성인은 선한 사람은 선한 사람으로 받아들이고 선하지 못한 사람도 선한 사람으로 받아들인다.' 흔히 찾아볼 수 있는 번역이다. 이 번역이 옳다면 성인은 참으로 줏대 없는 사람이다. 선악에 대한 분별도 없는 사람이다. 이렇게 엉뚱한 번역을 해놓고는 성인은 어딘가 고차원에 사는 사람인 것처럼 이야기한다.

여기에서 선善은 '옳게 여길 선'이다. 자者는 가정, 조건, 추측 등을 나타내는 어기조사다. 따라서 선자오선지善者吾善之는 '(백성들이) 옳게 여긴다면 나도 그것[之]을 옳게 여긴다'는 말이다. 지之는 백성들이 옳다고 판단한 바를 가리키니, 백성들이 옳다고 판단한 바를 옳게 여기고 따르겠다는 것이다.

그러므로 불선자오역선지不善者吾亦善之는 '백성들이 옳게 여기지 않는다면[不善者] 나 또한 그것[之]을 옳게 여기리라[吾亦善之]'는 뜻이다.

지之는 백성들이 옳지 않다고 판단한 바를 가리킨다. 백성들이 옳지 않다고 판단한다면 그 판단을 옳다고 여기겠다는 것이다.

여기서 나[吾]는 다른 이가 아닌 늙으신 선생님 자신이다. 도道를 깨친 성인聖人은 고정관념[常心]과 독단에 사로잡히지 않고 백성들이 하는 가치 판단을 따른다는 말이다.

O 德善

덕德은 '덕으로 여길 덕'이다. 선善은 앞서 나온 것과 마찬가지로 '옳게 여길 선'이다. 따라서 이 글귀는 "옳게 여김을 덕으로 여기라", 백성들이 판단한 것을 옳게 여기고 따르는 것을 덕으로 여기라는 말이다.

피지배자들의 판단에 동의하는 것을 정치의 미덕으로 삼으라는 말이니, 바로 권력자들을 향해 하는 소리다.

O 信者吾信之 不信者吾亦信之 德信

신자오신지信者吾信之는 '믿는다면 나는 그것[之]을 믿겠다'는 말이다. 무슨 말일까? 백성들이 믿고 따르는 것이라면 나도 그것을 믿고 따르겠다는 말이다. 지之는 백성들이 믿는 그것이다.

그러므로 불신자오역신지不信者吾亦信之는 '(백성들이) 믿지 않는다면 나도 그것[之]을 믿겠다'는 말이다. 지之는 믿지 않겠다는 백성들의 판단을 가리킨다.

덕德은 '덕으로 여길 덕'이다 따라서 덕신德信은 '믿음을 덕으로 여기라', 곧 백성들이 옳다고 믿든 그르다고 믿든, 그 판단을 믿고 따르라는 말이다.

○ 聖人在天下歙歙

앞에서 성인은 백성들의 마음으로 자신의 마음을 삼는다고 했다. 백성들이 판단한 것을 옳게 여겨 믿고 따르라고 했다. 그렇다면 천하 백성들의 마음을 골고루 살펴야 할 것이다. 따라서 재在는 '있을 재'가 아니라 '살필 재'로 새겨야 한다. 흡歙은 '거둘 흡'이니 흡흡歙歙은 '거두고 또 거둔다', 곧 백성들의 생각을 귀 기울여 듣고 받아들인다는 말이다. 그러므로 이 글귀는 "성인은 천하(사람들 마음)를 살펴 거두고 또 거둔다"는 말이다.

○ 爲天下 渾其心

위爲는 '배울 위', 천天은 '하늘 이법'이라는 말이니 위천爲天은 '하늘 이법을 배우라'는 뜻이다. 하下는 '낮출 하'다. 겸손하라는 것이니 '자신을 낮추라'는 말이다.

혼渾은 '가지런히 할 혼'이다. 따라서 혼기심渾其心은 '그 마음을 가지런히 하라'는 말이다. 앞에서 천하 사람들의 생각과 판단을 골고루 듣고 받아들였다. 그러나 사람들 생각이 모두 같을 수는 없으니 그것을 하나로 해야 무엇을 해도 할 수 있지 않겠는가? 천하에는 이런 생각도 있고 저런 판단도 있을 것인데 그런 여러 마음과 생각을 겸손히 받아들여 하나로 만드는 것이 바로 혼기심渾其心이다.

○ 百姓皆注其耳目

주注는 '뜻 둘 주'다. 그러므로 주기이목注其耳目은 '그 눈과 귀에 뜻을 두다', 곧 감각의 즐거움, 쾌락을 추구한다는 말이다. 그러나 쾌락은 사람들의 눈과 귀를 멀게 하고(五色令人目盲 五音令人耳聾, 제12 장), 호사스런 취미 생활은 사람을 미치게 만들기도 한다(馳騁畋獵令人心發狂,

제12장). 그래서 성인은 쾌락을 위하지 않고 삶을 먼저 위하는데(是以聖人爲腹不爲目, 제12장) 여느 사람들은 그러지 않더라는 말이다.

○ 聖人皆孩[1]之

이렇게 성인은 백성들의 뜻을 살피고 그것을 하나로 모으려 하는데 백성들은 쾌락을 추구하는 데만 뜻을 두고 있다〔百姓皆注其耳目〕. 본성을 해치게 될지도 모르는데 쾌락을 찾아 헤매니 이 얼마나 안쓰러운 일인가.

그러나 성인은 백성들의 삶에 끼어들지 않고 그저 지켜보며 웃을 뿐이다. 본디 해孩는 어린아이가 방글거리고 웃는 모습이다. 비웃거나 악의가 있는 웃음이 아니라 맑고 티 없이 웃는 것이다. 따라서 해지孩之는 '그것을 (보고) 웃다'고 풀이해야 한다. 성인은 백성들의 일에 끼어들지 않고 그저 웃으며 지켜볼 뿐, 아무 말도 하지 않는다.

---

1) 이경숙은 해孩를 어린아이로 옮기고 있으나 글월의 얼개로 보아 '어린아이로 보다'는 풀이는 나올 수 없다.

제50장 넉넉하게 살기보다 본성 지킬 길을 먼저 찾으라

삶과 죽음을 넘나드는데, 사는 이는 다만 서른
이요,

출생입사 생지도십유삼
出生入死 生之徒十有三

죽는 무리가 서른이며

사지도십유삼
死之徒十有三

사람이 살다가

인 지 생
人之生

자칫하면 죽을 땅으로 감, 또한 서른이라.

동 지 사 지 역 십 유 삼
動之死地亦十有三

이 무슨 까닭인고? 아마도 살아 있는 사람들이
삶을 두터이(넉넉히) 하려 하기 때문이리라.

부 하 고 이 기 생 생 지 후
夫何故 以其生 生之厚

듣자하니 섭생攝生을 잘한다면,

개 문 선 섭 생 자
蓋聞善攝生者

육로로 가더라도 맹수를 만나지 않고,

륙 행 불 우 시 호
陸行不遇兕虎

군대에 들어가도 전쟁을 겪지 않으며

입 군 불 피 갑 병
入軍不被甲兵

외뿔소는 그 뿔을 떨칠 바가 없고,

시 무 소 투 기 각
兕無所投其角

호랑이는 그 발톱으로 찌를(할퀼) 바가 없으며,

호 무 소 척 기 조
虎無所措其爪

병사는 칼을 쥘 바가 없다고 하니

병 무 소 용 기 인
兵無所容其刃

이 무슨 까닭인고? 이마도 죽을 처지기 아니기
때문이리라.

부 하 고 이 기 무 사 시
夫何故 以其無死地

○ 出生入死

'나와서 살고 들어가서 죽다'는 말이 아니다. '태어난 것은 죽게 되다'는 말도 아니다. 이 글귀는 천장지구天長地久(제7장)를 천지장구天地長久로 읽어 '천지天地는 장구長久하다'로 옮겨야 함과 같고, 부생모육父生母育을 부모생육父母生育이라 읽고 '어버이께서 낳아 기르시다'로 옮겨야 하는 것과 같다. 그러므로 이 글귀는 출입생사出入生死로 읽어 "삶과 죽음을 드나들다(넘나들다)"로 옮겨야 하는 것이다.

노자 당시는 춘추전국시대였다. 땅에 그은 금 하나 차이로 삶과 죽음이 달라질 수 있는 불안한 시대였다. 살겠다고 옮겨갔지만 죽을 수도 있었고, 죽겠구나 하면서 체념한 길이 오히려 살길이 되기도 했던 것이다. 그야말로 삶과 죽음을 넘나드는 나날이었던 것이다.

○ 生之徒十有三 死之徒十有三

生은 '산 이 생'이다. 살아 있는 사람이란 뜻이다. 徒는 흔히 '무리 도'로 새기지만 여기서는 '다만 도'다. 之는 주격 조사다. 그러므로 생지도生之徒는 '사는 이가 다만'이라는 뜻이다.

십유삼十有三은 무엇인가? 열 가운데 셋'이란 말인가? 그렇다면 십중삼十中三이라고 썼을 것이다. 십유삼十有三 속에 '가운데'라는 뜻을 지닌 글자가 있는 것도 아니다. '열 하고도 셋', '열에 더하여 셋', 곧 열셋이란 말인가? 유有에 '더하다'는 뜻은 없다. 삼三은 '석 삼'이지만 여기에서는 '세 번 삼'이다. 따라서 십유삼十有三은 열이 세 번 있다는 것이니, 곧 서른이란 뜻이다. 그러므로 생지도십유삼生之徒十有三은 '사는 이가 다만 서른', 사지도십유삼死之徒十有三은 '죽는 무리가 서른'이란 말이다.

○ 人之生 動之死地亦十有三

인지생人之生의 생生은 '살 생'이고 지之는 주격조사이니 '사람이 살다'란 뜻이다. 동지사지動之死地의 동動은 '움직일 동'이 아니라 '자칫하면 동'이다. 이때 지之는 '갈 지' 또는 '이를 지'이니 동지사지動之死地는 '자칫하면 죽을 땅에 이르다(죽을 땅으로 간다)'는 뜻이다. 그러므로 이 글귀는 "사람이 살다가 자칫하면 죽을 땅으로 가니 이 또한 서른이다"로 옮겨야 한다.

○ 夫何故

부夫는 지시대사다. 때에 따라 근칭近稱 지시대사가 될 수 있고 원칭遠稱 지시대사가 될 수도 있어서 문맥에 따라 '이, 그, 저'로 옮기면 된다. 하고何故는 '무슨 까닭'이라는 뜻이다. 따라서 부하고夫何故는 "이 무슨 까닭인가?"라는 뜻이다. 누구는 살고 누구는 죽는데, 잘 살고 있다가도 죽을 땅으로 들어가는 까닭은 무엇이냐는 것이다.

○ 以其生生之厚

이以는 까닭을 나타내는 전치사다. 기其는 '아마'라는 뜻이다. 생生은 '산 이 생'이다. 따라서 이 글귀는 "아마도 산 사람들이 생지후生之厚하려 하기 때문일 것이다"는 뜻이다. 생지후生之厚는 도치된 글월이다. 본디 후생厚生, 곧 '삶[生]을 두터이 하다'는 뜻인데, 목적어인 생生을 강조하려고 앞으로 보내면서 그것이 목적어임을 나타내는 구조조사 지之가 붙게 되었다. 삶을 두터이 한다는 것은 삶을 넉넉하게 한다는 말이니 재산을 쌓으려고 한다는 것이다. 그러므로 이 글귀는 "아마도 산 사람들이 (재산을 모아) 삶을 너넉하게 하려 하기 때문일 것이냐"라는 말이다.

풍족한 재물과 드높은 명예를 얻으려고 눈치 빠르게 처신하고, 자신을 꾸민다. 아는 척하고 잘난 척하며 명분이나 신의 따위는 헌신짝처럼 내버린다. 그러나 그리하는 것은 모두 위爲이니 곧 죽을 길로 들어서는 일이다.

○ 蓋聞善攝生者

개문蓋聞은 '대개 들으니', '듣자 하니' 등으로 옮기면 된다. 섭생攝生은 건강을 잘 보살펴 오래 살기를 꾀하는 것이며 자者는 조건, 가정 등을 나타내는 어기조사다. 그러므로 선섭생자善攝生者는 '섭생을 잘 한다면', '제 한 몸을 잘 보살핀다면'이란 뜻이 된다. 제 몸을 잘 돌본다는 것은 건강을 해치고 다치거나 죽지 않으려고 조심한다는 것이니 본성을 지키려고 조심하는 것을 가리킨다.

○ 陸行不遇兕虎

이 글월은 위험한 일을 당하지 않는다는 뜻이지, 실제로 맹수를 만나도 해를 입지 않는다거나 전쟁터에서도 죽지 않는다는 말은 아니다. 이 글월을 맹수를 물리치고 싸움터에서도 죽지 않는 초능력이나 도술 수련법으로 알아들어서도 안 된다. 섭생攝生을 잘 한다면, 곧 제 한 몸을 잘 보살피고 본성을 지키려 조심한다면 다치거나 죽는 일은 당하지 않을 것이라 읽어야 한다.

육행陸行은 '육로로 가다', 우遇는 '만나다'는 뜻이다. 따라서 육행불우시호陸行不遇兕虎는 "육로로 가도 외뿔소나 호랑이(와 같은 맹수)를 만나지 않는다"는 말이다. 제아무리 섭생을 잘한다 한들 맹수를 피할 수 있겠는가. 제 본성을 지키려고 애쓰는 사람은 그런 위험한 곳엔 얼씬도 하지 않는다는 뜻이다.

○ 入軍不被甲兵

입군入軍은 '군대에 들어간다'는 말이니 이 글귀는 "군대에 들어가도 불피갑병不被甲兵한다"고 옮긴다. 갑병甲兵은 '갑옷 입은 병사', 중무장을 한 병사라는 말이다. 또는 '갑옷과 무기'를 뜻하기도 하며 전쟁을 가리키기도 한다. 피被는 '입을 피'다. 옷을 입는 것을 뜻하지만 '해악이나 은혜 따위를 입다'는 뜻도 있다. 여기에서 '당할 피'라는 새김이 나오게 되었다. 따라서 불피갑병不被甲兵은 '갑병(전쟁)을 당하지 않다', 곧 '전쟁에 동원되지 않다, 전쟁을 겪지 않다'로 옮겨야 한다.

군대에 들어갔는데 어떻게 전쟁터에 나가지 않을 수 있을까? 바로 잘난 체하지 않기 때문이다. 날랜 척하고 무예를 뽐내다가는 전투병으로 나갈 수밖에 없다. 병장기도 제대로 못 다루는 어리숙한 병사, 늘 겁을 내며 몸을 뒤로 물리는 사람을 전투병으로 뽑지는 않을 것이니 못난 척, 겁쟁이인 척하는 것이 전쟁터에서도 본성을 지키는 지혜다.

○ 兕無所投其角

투投는 흔히 '던질 투'로 새기지만 여기에서는 '떨칠 투'다. 세게 흔드는 것을 말한다. 그러므로 투기각投其角은 '그 뿔을 떨친다'는 말이니 '뿔을 휘둘러 공격한다'는 뜻이 된다. 여기에서 소所는 '곳 소'다. 따라서 이 글귀는 "외뿔소가 그 뿔을 떨칠 곳이 없다", 곧 "뿔로 들이받아 공격할 곳이 없다"로 옮겨야 한다. 외뿔소를 마주칠 만한 곳에는 아예 가지 않으니 외뿔소가 공격한 일도 없다는 말이다.

○ 虎無所措其爪

措온 '둘 조'기 이니리 '찌를 착'이나. 그래서 이 글귀는 "호랑이는 그 발톱을 찌를 곳이 없다"는 뜻이 된다. 호랑이가 나타날 만한 곳은 아예 가지를 않으니 호랑이가 나를 공격할 일도 없다는 말이다.

○ 兵無所容其刃

병兵은 '군사 병'이다. 용容은 '담을 용', 인刃은 '칼 인'이다. 따라서 이 글귀는 "군사라 하더라도 그 칼을 담을 곳이 없다"는 말이다. 병사라 하더라도 비전투요원이니 병장기를 손에 쥘 일이 없다는 말이다.

○ 夫何故 以其無死地

부하고夫何故는 앞서 나온 것처럼 '이 무슨 까닭인가'라는 뜻이다. 이以는 까닭을 나타내는 전치사, 기其는 '아마'라는 뜻이다. 무사지無死地는 흔히 '죽을 땅(곳)이 없다'고 옮기지만 그렇지 않다. 여기에서 지地는 '지위 지'다. 처지나 지위를 가리킨다. 따라서 무사지無死地는 '죽을 처지가 아니다'나 '죽일 지위가 아니다'는 뜻이다. 이때 무無는 '없을 무'가 아니라 '아닐 무'다.

앞으로 돌아가 보자. 지금 이 이야기들은 모두 선섭생자善攝生者와 관련된 것이며 이는 '제 한 몸을 잘 보살핀다면'이란 뜻이라고 했다. 제 한 몸을 잘 보살핀다는 것은 죽을 곳에 가지 않고 죽을 일에 나서지 않음을 말한다. 죽게 될 처지에 빠지지 않으려고 한다는 말이다. 죽을 곳엔 아예 가지 않으니 맹수 따위를 만날 일도 없고, 전투병이 될 일도 없으며, 전투병이 아니니 병장기를 지니거나 병장기에 몸을 다칠 일도 없다. 따라서 이기무사지以其無死地는 '아마도 죽을 처지가 아니기 때문일 것이다'는 뜻이다.

제51장 도道를 높이고 덕德을 귀히 여길진저

도道는 저절로 이르고 덕德이 따라 이르면

도 생 지 덕 축 지
道生之 德畜之

물物이 꼴을 이루어가고 형세가 이루어지느니라.

물 형 지 세 성 지
物形之 勢成之

이 때문에 만물은 도를 높이지 않을 수 없으며,
덕을 귀히 여기지 않을 수 없느니라.

시 이 만 물 막 부 존 도 이 귀 덕
是以萬物莫不尊道而貴德

도를 높이고 덕을 귀히 여길진저.

도 지 존 덕 지 귀 부
道之尊 德之貴夫

그것을 명령한 것은 아니지만, 일찍이 저절로 그
러했던 것이니라.

막 지 명 이 상 자 연
莫之命而常自然

그러므로 도가 만물을 낳고 덕이 그것을 기르니,

고 도 생 지 덕 축 지
故 道生之 德畜之

기르고 기르며 기르고 기르기를 되풀이하도다.

장지육지정지독지양지 복 지
長之育之亭之毒之養之 覆之

(우리는 이처럼 도道와 덕德을 따라) 생겨났을 따름
이 아닌가. 또한 되었을 따름이 아닌가.

생 이 불 유 위 이 불
生而不 有 爲而不

내가 낫다고 믿더라도 일을 주관하지 않으니 이를
일컬어 현덕玄德이라고 하느니라.

시 장 이 부 재 시 위 현 덕
恃長而不宰 是謂玄德

○ 道生之 德畜之 物形之 勢成之

생生은 '살 생', 또는 '낳을 생'이고 지之는 인칭대사일 것이라고만 생각하니 '도道가 그것(만물)을 낳는다'는 번역이 정설처럼 되어 버렸지만, 그렇지 않다. 생生은 '저절로 생'이며 지之는 '이를 지'다. 따라서 도생지道生之는 '도道는 저절로 이른다'는 뜻이다. 도道는 조작이나 꾸밈이 없어도 저절로 만물에 미쳐 작용한다는 말이다.

축畜은 '기를 축'이 아니라 '따를 축'이다. 지之는 '이를 지'다. 따라서 덕축지德畜之는 '덕德이 따라서 이른다'는 말이다. 저절로 만물에 미쳐 작용하는 도道를 따라 덕德이 드러난다는 뜻이다.

형形은 '꼴 이룰 형', 지之는 '갈 지'다. 따라서 물형지物形之는 '물物이 꼴을 이루어 간다'는 뜻이다. 도道가 이르고 도道를 따라 덕德이 드러나면 만물도 그 형체를 이루어 간다. 그러므로 덕德이 형상으로 드러난 것이 물物이다.

세勢는 '형세', 또는 '세력'이라는 말이다. 성成은 '이룰 성'이 아니라 '이루어질 성', 또는 '우거질 성'이며 지之는 '갈 지'다. 따라서 세성지勢成之는 '형세가 이루어져(우거져) 간다'는 뜻이다. 덕德을 따라 물物이 형체를 드러내기 시작하고, 그것이 점점 불어나 큰 형세(세력)을 이루어 간다는 말이다.

○ 是以萬物莫不尊道而貴道

시이是以는 '이런 까닭에, 이 때문에' 정도로 옮길 수 있는 말이다. 막불莫不은 이중부정이다. '~하지 않음이 없다', '~하지 않을 수 없다'고 옮기면 된다. 그러므로 막불존도이귀덕莫不尊道而貴德은 '도道를 높이고 덕德을 귀히 여기지 않을 수 없다'는 뜻이다. 어버이께서 나를 낳고 기르셨으니 어버이를 높이고 사랑하지 않을 수 없는 것처럼, 만물萬物도 자신을 낳아 기른 도道와 덕道를 높이고 귀히 여겨야 한다는 것이다.

사람도 만물 가운데 하나일 뿐이니 어찌 도道와 덕道을 깔보고 푸대접
할 수 있겠는가.

○ 道之尊 德之貴夫

도道는 존尊의 목적어다. 본디 존도尊道였는데 도道가 앞으로 나가면
서 그것이 목적어임을 알려 주는 구조조사 지之가 붙은 것이다. 따라
서 도지존道之尊은 '도道를 높이라(존숭하라)'는 말이다.

덕德은 귀貴의 목적어다. 본디 귀덕貴德이었는데 덕德이 앞으로 나가
면서 그것이 목적어임을 알려주는 구조조사 지之가 붙은 것이다. 따라
서 덕지귀德之貴는 '덕德을 귀히 여기라'는 말이다. 부夫는 감탄사다.

○ 莫之命而常自然

불不, 무毋, 미未, 막莫을 쓰는 부정문에서 목적어가 대명사일 경우
그 대명사는 언제나 동사 앞에 온다. 여기서도 마찬가지로 막莫을 쓰
는 부정문에서 명命의 목적격 대명사인 지之가 동사인 명命앞에 오게
된 것이다. 그러므로 막지명莫之命은 본디 막명지莫命之였을 터인데 이
때 막莫은 금지사가 아니라 부정사로 쓴 것이다. 따라서 막지명莫之命
은 '그것을 명령하지 않다'는 뜻이다.

이而는 역접을 나타내는 접속사다. 상常은 '일찍 상'으로, '일찍이'라
는 뜻이다. 자自는 '스스로 자'인데 '저절로'라는 뜻이며, 연然은 '그럴
연'이다. 따라서 상자연常自然은 '일찍이(옛날부터) 저절로 그리하다'는
뜻이다.

그러므로 이 글귀는 "그것을 (그러하라고) 명령하지 않았지만 일찍
이(옛날부터) 저절로 그러하다"는 뜻이다. 만물이 도를 높이고 덕을 귀
히 여겨야 함은 본디 그러해야 하지 누가 시키거나 명령한 것이 아니
라는 말이다.

○ 故 道生之 德畜之 長之育之亭之毒之養之 覆之

　앞에 나온 바와 달리 도생지道生之는 '도가 그것[物]을 낳았다'는 말
이며, 덕축지德畜之는 '덕이 그것[物]을 기른다'는 뜻이다. 따라서 장長,
육育, 정亭, 독毒, 양養은 모두 '기르다'는 뜻으로 새겨야 한다.[2] 물物이
꼴을 이루어가고[物形之] 세력이 이루어져가려면[勢成之], 物을 키우고
기르는 일이 되풀이되어야 하기 때문이다. 이때 지之는 꼴을 갖추게
된 물物을 가리키는 인칭대사이니, 장지육지정지독지양지長之育之亭之毒
之養之는 '만물을 기르고 길러서 기르고 기르며 또 기른다'는 뜻이다.

　이와 같이 기르는 일을 되풀이한다는 말이 바로 복지覆之다. 이때
복覆은 '되풀이할 복'이고 지之는 '기름(長, 育, 亭, 毒, 養)'을 가리키는
인칭대사다.

○ 生而不 有 爲而不 恃長而不宰 是謂玄德[3]

　이 글귀는 "생겨났을 따름이 아닌가. 또한 되었을 따름이 아닌가.
(그러므로 내가 남보다 나을 것도 없지만 비록) 낫다고 믿더라도 (그
일을) 맡아 다스리지 않으니 이를 일컬어 현덕玄德이라고 한다."는 뜻
이다. 우리는 도道와 덕德을 따라 생겨났고 또 이리되었을 따름이니 잘
난 척하며 나설 까닭이 없다. 그래서 겸손하게 몸을 뒤로 물리니 이를
일러 현덕玄德이라고 한다는 말이다.

---

2) 장長, 육育, 정亭, 독毒, 양養은 제가끔 다른 뜻도 여럿 지니고 있지만 '기
　르다'는 뜻은 모두 같다.
3) 제10장 마지막 글귀를 되풀이한 것이다. 자세한 설명은 그곳을 참조하라.

제52장 드러내지 않으니 현명하도다

천하가 비롯됨이 있으니 천하를 지은 어미라.	천 하 유 시 이 위 천 하 모 天下有始以爲天下母
그 어미(=도道) 알기를 다했다면 곧 그 자식(=천하天下)을 맡아 다스리라.	기 득 기 모 이 지 기 자 旣得其母以知其子
그 자식을 맡아 다스리기를 다했다면 여느 사람과 같은 자리로 돌아가 어미를 살피며 돌아보라.	기 지 기 자 복 수 기 모 旣知其子 復守其母
몸을 숨기면 본성을 해치지 아니하리라.	몰 신 불 태 沒身不殆
자신을 드러내려는 그 구멍을 닫고 세상으로 나가는 그 문을 닫으라.	색 기 태 폐 기 문 塞其兌 閉其門
마침내 몸소 괴로워하지는 않으리라.	종 신 불 근 終身不勤
그 구멍을 열고 드러내어 벼슬을 더하려 한다면	개 기 태 제 기 사 開其兌 濟其事
마침내 몸소 구원하지는 못하리라.	종 신 불 구 終身不救
드러냄이 적으니 가로되 명明이라 하고 본성을 지켜 편안케 하니 가로되 강强이라 하느니라.	현 소 왈 명 수 유 왈 강 見小曰明 守柔曰强
(이 둘은) 작용이 아마도 크게 겹치리니 그 명明을 따르라.	용 기 광 복 귀 기 명 用其光復 歸其明
따르지 않으면 스스로 본성을 해치게 되리라. 바로잡아 이르노니 '상常'을 익힐지니라.	무 수 신 앙 시 위 습 상 無遺身殃 是謂習常

○ 天下有始以爲天下母

천하유시天下有始는 '천하는 처음(시작)이 있다', '천하가 비롯되는 그 무엇이 있다'는 것이니 천하만물이 비롯되는 어떤 근원이 있다는 말이다. 천하만물은 어디에서 비롯되는가? 마땅히 천하만물을 낳은 어미4) [母]가 있을 것이니 바로 천하모天下母다. 이以는 까닭을 나타내는 전치사다. 천하에 처음(시작)이 있는 까닭은 '위천하모爲天下母' 때문이라는 것이다. 이때 위천하모爲天下母는 흔히 '위爲＋천하모天下母'로 끊어 읽어 '천하의 어미가 되다', 또는 '천하의 어미로 삼다'로 옮기고 있는데 잘못된 것이다. 이미 '현빈玄牝이라는 문이 천하 만물의 뿌리라 한다5)'라고 규정해 놓은 마당에 또다시 그것을 '천하모天下母'라고 다른 이름을 붙일 까닭은 없기 때문이다. 그러므로 위천하모爲天下母는 '위천하爲天下＋모母'라고 읽어야 한다. '천하를 지은 어미'라는 뜻이다.

○ 旣得其母 以知其子

다들 이 글귀를 '이미 그 어미를 얻었으니, 그 자식을 알다'로 옮기고 있다. 그리고 '어미는 도道요 자식은 천하天下'라는 그럴듯한 해설이 따라붙는다. 어미인 도道를 이미 얻었으니 도道에서 비롯된 자식, 곧 천하天下를 알 수 있는 것이 마땅할 것도 같다.

그러나 '어미(＝도道)를 얻는다'는 건 말이 되지 않는다. 노자의 도道는 공맹孔孟의 도道, 곧 인의예지신仁義禮智信과 같은 도덕률이 아니어서 몸과 마음을 갈고 닦음으로써는 얻거나 깨달을 수 없다. 더구나 배필이나 자식이라면 모를까, 어미를 얻는다는 표현은 있을 수가 없다.

기旣는 '다할 기'다. 득得에는 '알다'는 뜻이 있다. 따라서 기득기모旣得其母는 '그 어미〔道〕 알기를 다하다'는 뜻이다.

---

4) '창조주'가 아니라 천하만물이 비롯된 '근원'이라고 보아야 한다.
5) 현빈지문 시위천지근玄牝之門 是謂天地根(제6장)

34

이지기자以知其子에서 지知는 '맡을 지[6]'다. 도道가 지어낸 자식인 천하를 맡아본다는 것인데, 이는 천하를 제패하여 천자天子가 되거나 높은 벼슬을 얻어 정사政事를 돌보는 것을 말한다. 이때 이以는 '~하면 곧'이라는 뜻을 지닌 접속사다. 그러므로 이 글귀는 "천하를 지은 어미인 도道 알기를 다했다면 그 자식[天下]을 맡아 다스리라"는 뜻이다. 도道를 알아야만 천하를 맡아 다스릴 수 있다는 말이다.

○ 旣知其子

기旣는 '다할 기'다. 지기자知其子는 천하를 맡아 다스리는 것이다. 따라서 이 글귀는 "천하를 맡아 다스리기를 다하다"는 뜻이다. 천자天子가 되거나 벼슬을 얻어 정치하기를 다한다는 말이다.

○ 復守其母 沒身不殆

그렇게 천하를 맡아 정사를 돌보기까지 다하고 나면 복수기모復守其母하고 몰신沒身하라는 말이다. 복復은 '돌아갈 복'이다. 천자든 벼슬아치든 제 할 일이 끝나면 여느 사람과 같은 자리로 물러난다는 말이다. 수守는 '지킬 수'가 아니라 '돌 수'다. 수狩와 뜻이 같은데 왕이 나라 안을 돌며 살펴본다[7]는 뜻이다. 기모其母, 곧 '그 어미'는 도道다. 그러므로 복수기모復守其母는 '(평민으로) 돌아가 (나라 안을 돌며) 도道를 살펴보라'는 뜻이다. 도에 따라 정치가 이루어지는지 백성들 삶이 도와 합치하는지 살펴보라는 말이다.

한편 몰신불태沒身不殆를 '죽기까지 위태롭지 않다'고 옮기곤 하지만 그렇지 않다. 몰沒은 '죽을 몰'이니 몰신沒身과 종신終身이 같은 뜻이라고 하지만 그런 것도 아니다. 여기에서 몰沒은 '숨길 몰'이므로 몰신沒

---

6) 도지사道知事의 지知가 바로 '맡을 지'다.
7) 순수巡狩, 순행巡行이라고 한다.

身은 '몸을 숨기라'는 뜻이다. 도道를 깨달았기에 천하를 맡아 다스릴 수 있었으니, 마침내 그 일을 다했다면 물러나 몸을 숨기라는 말이다. 족함을 모르고 더 크고 더 높이 되려 하다가는 본성을 해치기 쉬우니 적당한 때에 물러나라는 것이다. 그러므로 몰신불태沒身不殆는 '몸을 숨기라. (그리하면) 본성을 해치지 않(을 것이니 몸은 위태롭지 않)으리라'는 말이다.

○ 塞其兌 閉其門

태兌가 '구멍 태'라면 그 구멍은 무슨 구멍일까? 문門이 '문 문'이라면 그 문은 어떤 문일까? 갑자기 구멍과 문이 나오니 어리둥절할 수밖에 없다.

이래서 《도덕경》을 읽고 풀이할 때는 한자漢字 한 글자가 지닌 여러 가지 뜻을 다 살펴보아야 하는 것은 말할 것도 없고, 노자가 말하고자 했던 본디 뜻과 함께 앞뒤 글 흐름을 따져 보아야만 하는 것이다.

앞서 "몸을 숨기라. (그리 하면) 위태롭지 않다〔沒身不殆〕."고 했다. 몸을 숨김은 자신을 드러내지 않는다는 것이다. 내가 예전에 어떠어떠한 자리에 앉아 이러저러한 일을 했던 사람이라고 으스대지 말라는 말도 되겠고, 요즘 벌어지고 있는 문제는 이리저리하면 될 것이라고 주제넘게 나서지 말라는 뜻도 되겠다. 지난 시절은 되돌릴 수 없는 법이다. 화려했던 옛 기억에 붙들려 잘난 체하고 남을 가르치려 든다면 그 것이 바로 위爲다. 요즘 말로 하면 '꼰대짓'이다.

이렇게 보니 태兌는 '자신을 드러내는 구멍'이고 문門은 '세상을 향한 문, 세상일을 향해 나아가는 문'을 가리킨다는 것을 알 수 있다. 따라서 그 구멍을 막으라〔塞其兌〕는 것은 자신을 드러내려 하지 말라는 뜻이고 그 문을 닫는다〔閉其門〕는 것은 잘난 척하며 세상일에 끼어들려 하지 말라는 말이다.

○ 終身不勤

종終을 '마칠 종'으로 보아 종신終身을 '종신토록, 죽기까지'라고 옮기지만, 그것은 한국식으로 짐작하여 덧붙인 말이지 종신終身에 '~하도록'이라는 뜻은 없다. 종終은 '마침내 종', 신身은 '몸소 신', 근勤은 '괴로워할 근' 또는 '근심할 근'이다. 따라서 이 글귀는 "마침내 몸소 (근심하며) 괴로워하지는 않을 것이다"는 말이다. 잘난 척하며 나를 드러내려는 구멍을 막고[塞其兌], 부귀영화와 명예를 얻으려고 세상으로 나서는 문을 닫는다[閉其門]. 높고 크게 되려는 세상 사람들을 한낱 풀강아지[芻狗]로 바라볼 뿐 세상일에 끼어들지 않고 몸을 숨긴다[沒身]. 체하지 않는다면[無爲] 괴로워하거나 근심할 일도 없고 본성을 지킬 수 있는 것이다.

○ 開其兌 濟其事 終身不救

그런데 사람들은 자신을 드러내려고 구멍을 열려 한다[開其兌]. 그리고 제기사濟其事하려 한다. 제濟는 '이룰 제, 더할 제'이다. 사事는 '일 사'가 아니라 '섬길 사'인데 여기에서는 '벼슬하다'는 뜻이다. 그러므로 제기사濟其事는 '벼슬하기를 이루다' 또는 '벼슬하기를 더하다'로 옮길 수 있다. 벼슬을 얻고 더 높은 자리에 올라 권력을 휘두르려 한다는 말이니, 권력욕을 채우려 한다는 것이다.

종신불구終身不救는 '마침내 몸소 (제 몸을) 구하지는 못하리라'는 뜻이다. 재물과 명예를 얻으려는 일에만 마음을 두는 이가 어찌 스스로 제 몸을 구할 수 있겠는가?

○ 見小曰明

우리는 이 글귀를 읽을 때 앞서 나온 색기태塞其兌 폐기문閉其門 종신불근終身不勤을 생각하지 않으면 안 된다. 더구나 노자는 여러 곳에서 자신을 드러내지 말라고 가르치고 있다. 잘난 척하면서 나서다가는 제 한 몸 지키기도 어렵던 시절이었다. 자칫하다가는 본성을 해치기 쉬웠다.

見은 '볼 견'이 아니라 '나타낼 현'이다. 그러므로 현소見小는 '나타냄(드러냄)이 적다'는 말이다. 자신을 드러내지 않으니 해코지를 당할 일도, 남을 해칠 일도 없다. 이렇게 함으로써 본성을 지킬 수 있으니 이야말로 밝은 것이고 참으로 현명한 일이다. 그러므로 현소왈명見小曰明은 "드러냄이 적으니 가로되 현명함[明]이라 한다"는 뜻이다. 이렇게 옮겨야만 잘난 체, 아는 척하지 말고 남 앞에 자신을 드러내어 나서지 말라, 곧 무위無爲하라고 한 늙으신 선생님의 뜻과 들어맞게 된다.

○ 守柔曰强

수유왈강守柔曰强은 '부드러움을 지키니 가로되 강强이라 한다'고 풀이하는 일이 많다. 더구나 '유약함이 강강함보다 낫다(柔弱勝剛强, 제36장)고 했으니 이 풀이가 맞는 것도 같다.

하지만 이 장의 흐름과 동떨어진 말은 아닌지 생각해 볼 일이다. 오랜 옛날의 글이라고는 하나 이 말 하다가 저 말 하는 어지러운 글이 이천 년이 넘는 세월 동안 귀한 가르침으로 대접받을 수는 없는 일일 것이다.

이 글귀는 "지켜 편안히 하니 가로되 강함이라 한다"고 옮긴다. 남을 쳐서 이김이 강한 것이 아니라, 내 본성을 지키는 것이 강한 것이다. 내 한 몸 다치지 않고 온전히 지켜 천수를 누릴 수 있어야 참으로 강한 것이다.

앞서 드러냄이 적어야 현명하다[見小曰明]고 한 것처럼, 본성을 지키려면 나를 드러내지 말아야 한다. 나를 드러내지 않으니 참으로 편안하다. 제가 잘났다고 나서지 않게 될 것이고 서로 공을 차지하려는 진

흙탕 싸움에 말려들지도 않을 것이며 마침내 제 본성을 지킬 수 있으니 이 얼마나 편안하겠는가? 그러므로 유柔는 '부드러울 유'가 아니라 '편안히 할 유'로 새겨야 한다. 사람이라면 누구나 자신을 드러내고 싶어 하며 명리를 얻으려는 바람이 있는 법인데 그런 마음을 물리칠 수 있다면 그야말로 강한 사람이다.

○ 用其光復 歸其明

이 글귀를 용기광用其光 복귀기명復歸其明이라고 끊어서 '그 빛을 써서 그 밝음으로 돌아가다'고 풀이해 놓은 것이 많지만 참으로 이상하다. '그 빛[其光]'이란 무슨 빛을 가리키는가? 빛이 있으면 바로 밝아지는 법인데 '빛을 써서 다시 그 밝음[明]으로 돌아간다'고 하니 무슨 의미인가?

이런 일이 벌어지는 데에는 몇 가지 까닭이 있다고 생각한다. 첫째는 왕필의 주석이 옳다고 믿기 때문이다. 왕필이라고 해서 오류가 없는 것은 아닐 텐데도 통용되는 것이라 해서 그의 주석을 확정된 사실로 받아들인다. 둘째는 글자 뜻만 엮어 말을 만들려고 하기 때문이다. 문법은 아예 생각하지 않거나 고문古文은 문법으로는 풀이하기 어렵다고 생각한다. 셋째는 널리 알려진 뜻만 가지고 해석하려 하기 때문이다. 예컨대 여기에 나오는 復는 '다시 부, 돌아올 복'이 아니라 '겹칠 복'으로 새겨야 하며, 복귀復歸가 아니라 복復과 귀歸를 떼어서 읽어야 한다는 것은 생각하지 않는다. 노자가 윤희에게 《도덕경》을 구술했던 그 옛날에도 복귀復歸란 말이 오늘날과 같은 뜻으로 쓰이고 있었을까? 넷째는 (이게 가장 중요한 까닭인데) 노자가 말하고자 한 본디 뜻은 생각하지 않고 선학들의 해석을 곧이곧대로 받아들이려는 게으름 때문이다. 왜 의심하지 않는 것일까?

노자 오천언五千言을 한마디로 줄이면 바로 무위無爲다. 천재였다는 왕필이든, 은둔선비였다는 하상공이든, 그 누가 해놓은 것이든 늙으신 선생님의 뜻에 들어맞아야 제대로 풀이한 것이라 할 수 있다. 그러나 늙으신 선생님의 높고 귀한 뜻은 어디론가 사라지고, 현란한 지식 자랑만 넘친다. 모두 노자가 경계한 위爲다. 노자는 간 데 없고 깃발만 나부끼고 있다.

이 글귀는 용기광복用其光復 귀기명歸其明이라고 끊어 읽어야 한다. 용用은 '쓰일 용'인데 명사로 쓴 것이니 '쓰임'으로 보거나 '작용 용, 효용 용'으로 새기는 것이 마땅하다. 기其는 추측을 나타내는 부사다. '아마'라는 뜻이다. 따라서 용기광복用其光復은 '쓰임(작용, 효용)이 아마 광복光復할 것이다'로 옮긴다.

광光은 '클 광'이다. 부사로 전성되어 '크게'라는 뜻이 되었다. 복復은 '겹칠 복'으로 복複과 같다. 그러므로 광복光復은 '크게 겹친다'는 뜻이다. '드러냄이 적음〔見小〕'과 '지켜 편안케 함〔守柔〕' 두 가지 행동 준칙은 그 쓰임이나 작용이 크게 중복된다는 말이다. 자신을 드러내는 일이 적다면 제 본성을 지켜 편안히 할 수 있을 것이고, 제 본성을 지키려면 나를 드러내지 말아야 할 것이니 작용이 겹친다는 말이 참으로 절묘하다.

귀歸는 '붙좇을 귀'로 '따르다'는 뜻인데 제16장에서 이미 말한 바 있다. 존경하거나 섬겨 따름을 말한다. 따라서 귀기명歸其明은 '그 명明을 따르라'는 뜻이다. 이때 명明이란 곧 현소見小를 가리키는 것이니, 이 글귀는 현소見小, 곧 나를 드러내지 않는 현명함을 따라야 나를 지켜 편안케 하는 강강도 이룰 수 있다는 말이 된다.

○ 無遺身殃

이 글귀를 흔히 '몸에 재앙을 남기지(끼치지) 않다'고 옮기곤 하는데 이는 遺를 '남을 유, 남길 유, 끼칠 유'로만 보았기 때문이다. 여기에서 遺는 '따를 수'다. 수隨와 같다. 따라서 무수無遺는 '따름이 없다(따르지 않다)'고 풀이해야 한다. 신身은 '몸소 신', 앙殃은 '해칠 앙'이니 신앙身

殃은 '몸소(스스로) 해치다'이다. 그러므로 무수신앙無遺身殃은 "따름이 없다면(따르지 않는다면) 몸소(스스로) 해치다"가 된다. 무엇을 따르지 않는가. 명明, 곧 현소見小함을 따르지 않는 것이다. 바로 앞서 그 명明을 따르라[歸其明]고 하지 않았는가. 현소見小함을 따르지 않고 자신을 드러내기 좋아하면 스스로 재앙을 불러들여 본성을 해치게 될 것이라는 말이다.

○ 是謂習常

시是는 '이 시'가 아니라 '바로잡을 시'다. 따라서 시위是謂는 '바로잡아 이르다'는 뜻이다. 습習은 '익힐 습'이니 습상習常은 '상常을 익히라'는 명령문이다. 따라서 이 글귀는 '바로잡아 이르노니 常을 익히라'는 뜻이다.

그렇다면 상常이란 무엇일까? 제16장에 나온 바와 같이 '분부(명령, 법규, 규제)를 덜어내어 줄이는 일', 곧 복명復命이 바로 상常이다[復命曰常]. 규제와 명령이 줄어드니 별다른 일 없이 고즈넉한 나날이 지나간다. 바로 그런 '고즈넉함[常]'을 배워 익히는 것이 습상習常인 것이다.

제53장 훔친 것으로 사치를 즐기니 도道라고 할 수 없노라

내게 끼어들도록 허락한다면 알릴 것이 있나니 대도大道에 따라 행동하라는 것이니라.

사아개연유지 행어대도
使我介然有知 行於大道

오직 잘난 체함이 될까 두렵도다.

유시 시 외
唯施是畏

대도大道는 크고 편편한데

대 도 심 이
大道甚夷

뭇사람들은 꾀나 부리는 지름길을 좋아하는구나.

이 민 호 경
而民好徑

조정은 심하게 벼슬을 주고

조 심 제
朝甚除

밭은 심히 황폐하며, 나라 곳간은 텅 비었도다.

전 심 무 창 심 허
田甚蕪 倉甚虛

무늬를 수놓은 화려한 옷을 입고, 날카로운 칼을 차며,

복 문 채 대 리 검
服文綵 帶利劍

먹고 마시기에 빠져 있는데도 재화는 넘쳐나니

암 음 식 재 화 유 여
厭飲食 財貨有餘

이를 일러 훔쳐 자랑한다고 하느니라. 도가 아니로다!

시 위 도 과 비 도 야 재
是謂盜夸 非道也哉

○ 使我介然有知 行於大道

시使는 사역문(사동문)이나 가정문을 만드는데 여기서는 가정문을 만든다. '～로 하여금…하게 하다(한다면)'이라고 옮길 수 있다. 지知는 '알릴 지'다. 그러므로 사아개연유지使我介然有知는 '나로 하여금 개연介然하게 한다면 알릴 것이 있다'는 말이다.

개연介然은 무슨 뜻일까? 이미 나와 있는 여러 풀이는 개연介然을 '조금'이라고 보아 개연유지介然有知를 '내가 아는 것이 조금 있다면'으로 옮기고 있지만 그렇지 않다. 개介는 '낄 개', 연然은 '허락할 연'이다. 그러므로 사아개연使我介然은 '나로 하여금 끼어들도록 허락한다면'이라고 옮겨야 한다. 그렇다면 이 장면은 노자가 누군가와 토론하다가, 또는 토론을 지켜보다가 상대방의 말을 끊고 끼어드는 대목일 것이다.

노자가 남의 말을 끊고 끼어들어 알리고자 하는 말이 바로 행어대도行於大道다. 어於는 여러 가지로 쓰는 전치사다.[8] 여기에서는 행行이라는 동작의 근거가 대도大道임을 나타낸다. 그러므로 행어대도行於大道는 '대도大道에 따라 (정치를) 행하라'로 옮길 수 있다. 또는 어於를 동사 '있을 어(=在)'로 보아 '(바른 정치) 행위는 대도大道에 있다'고 해도 좋을 것이다.

그래서 앞 글월에 이어서 옮기면 "나로 하여금 (토론에) 끼어들도록 허락한다면 알릴 것이 있으니 (그것은 바로) 대도大道에 따라 (정치를) 하라는 것이다"가 된다.

○ 唯施是畏

이 글귀는 오랫동안 '비록 실천할지라도 두려움으로서 할 것이다', '단지 사도(邪道, 가짜 도)에 빠져 들지 않을까 두려워 할 것이다'로 옮

---

8) 어於는 처소, 근거, 수단, 대상, 비교, 피동 등을 나타낸다.

겨왔는데, 잘못된 것이다.

이 글귀는 제21장의 유도시종唯道是從과 마찬가지로 '唯(惟)~是…' 얼개를 써서 동사와 목적어를 도치시킨 글월이다. 본디 유외시唯畏施였는데 목적어 시施가 동사 외畏의 앞으로 나오면서 시施가 목적어임을 알려주는 구조조사 시是가 붙은 것이다.

부사	목적어	구조조사	동사		부사	동사	목적어
唯	施	是	畏	←	唯	畏	施
오직	자랑함	을/를	두려워하다		오직	두려워하다	자랑함

이때 시施는 '베풀 시'가 아니라 '자랑할 시'다. 뽐낸다는 말인데 명사로 전성된 것이다. 그러므로 유시시외唯施是畏는 "오직 자랑하여 뽐내는 일이 될까 두렵다"는 뜻이다. 잘난 척하거나 아는 척하지 말고 나서지도 말라고 한 노자다. 토론하는 걸 보다 보니 하도 답답하여 한마디 거들기는 하는데 뭇사람들과 생각이 너무 다르다. 사람들은 대도大道를 따라 바르게 행동하기보다는 간교한 술수를 부려 눈앞의 이익을 얻는 데만 정신이 팔려 있다. 그런 사람들에게 대도大道를 따르라고 알려준들 잘난 척한다고 비웃음이나 받을 터이니 그것이 두렵다는 것이다.

○ 大道甚夷 而民好徑

이夷는 '편편할 이' 또는 '떳떳할 이'다. 대도大道는 심히 편편하다〔大道甚夷〕. 편편하니 숨을 곳도 없고 숨길 수도 없다. 교활한 술수나 책략을 펼 수 없는 길이다. 그러므로 심히 떳떳한 길이기도 하다.

徑은 '지름길 경' 또는 '간사 경'이다. 그런데 사람들은 대도大道를 걷기보다는 지름길을 좋아하고 간사함을 좋아한다〔民好好徑〕. 대도大道

---

9) 여기에서 민民은 '백성'이 아니라 '뭇사람'이란 뜻이다.

를 따라 행한다[行於大道]는 것은 순리를 따라 흔들리지 않고 제 길을
가는 것이다. 그러나 사람들은 간사한 술수를 써서라도 남을 앞질러
가고 남보다 먼저 높은 곳에 오르려 한다. 다리를 걸어 넘어뜨리고 뒷
덜미를 잡아 비틀거리게 해놓고는 제가 앞서가려 한다. 사람들은 정도
正道를 따르기보다는 권도權道를 따르기를 좋아하는 것이다.

○ 朝甚除 田甚蕪 倉甚虛

조朝는 '조정 조'다. 제除는 '벼슬 줄 제'다. 그러므로 조심제朝甚除는
조정이 심하게 벼슬을 준다는 말이다. 조정이 썩었다는 이야기다. 아부
하고 뇌물을 바치는 사람들에게 마구 벼슬을 내리고, 심지어 없는 자
리까지 만들어 사람들을 임명한다.

무蕪는 '거칠 무'다. 버려진 채 잡풀이 무성하다는 뜻이니 전심무田甚
蕪는 '밭(농토)은 심히 거칠(어 잡풀이 무성하)다'는 말이다. 잡풀이 무
성한 밭은 농민들이 농토를 버리고 떠나가는 바람에 돌볼 사람이 없는
거친 땅을 가리킨다. 조정이 썩었으니 탐관오리가 넘쳐날 것이요, 뇌물
을 주고 벼슬을 얻은 자들은 백성들을 가혹하게 착취할 것이니 농민들
이 어찌 살 수 있겠는가.

창심허倉甚虛는 '곳간이 심히 비었다'는 말이다. 농민들이 달아나 버렸
으니 세금을 제대로 거둘 수 없을 뿐만 아니라, 뇌물을 바치고 벼슬자리
를 얻은 관리들이 세금을 빼돌리니 나라 곳간이 비어가는 것은 당연한
일이다.

○ 服文綵 帶利劍 厭飮食

그런데도 벼슬아치들은 화려하고 사치스런 생활을 즐긴다. 복服은
'입을 복', 문채文綵는 아름다운 무늬나 광채를 말하니 복문채服文綵는
'아름다운 무늬를 수놓은 화려한 옷을 입는다'는 뜻이다. 그리고 허리

에는 날카로운 칼을 차고[帶利劍] 위세를 떨치며, 백성들을 짓밟는다. 암厭은 '빠질 암'이니 암음식厭飮食은 먹고 마시는 일에 빠져 있다는 뜻이다. 전란에 지치고 굶주린 백성들 삶은 돌아보지 않는 조정 벼슬아치들의 모습이다.

○ 財貨有餘 是謂盜夸 非道也哉

여餘는 '나머지 여'다. 그러므로 재화유여財貨有餘는 재화가 쓰고도 남을 정도로 넉넉하다는 뜻이다. 이렇게 쌓아 놓은 재화는 어디에서 온 것이겠는가. 바로 백성들의 주머니를 털고 나라곳간에 손을 댔기 때문이다. 훔친 것으로 온갖 사치를 부리고 그야말로 물 쓰듯 재화를 쓰니 이야말로 훔친 것을 내보이며 자랑하는 것[盜夸]이 아니겠는가. 과夸는 '자랑할 과'다.

그러므로 이는 결코 도道가 아닌 것이다[非道也哉]. 이때 재哉는 글귀 끝에 붙어서 의문·반어·영탄을 나타내는 어기조사다. '~하랴, ~구나, ~도다' 등으로 옮길 수 있는데, 홀로 쓰기도 하지만, 호재乎哉, 야재也哉, 의재矣哉처럼 다른 어기조사와 함께 쓰기도 한다. 비도야재非道也哉는 영탄문이다. '도가 아니로구나!'하는 뜻이다.

제54장 어진 이에게 기댄다하여 참된 덕은 아니니라

일 벌이기를 잘한다면 관리로 뽑지 말라.

선 건 자 불 발
善建者不拔

일을 가슴에 품기를 잘한다면 빠뜨리지 말라.

선 포 자 불 탈
善抱者不脫

내가 달아나는 것은 제사가 그치지 않기 때문이라.

자 손 이 제 사 불 철
子孫以祭祀不輟

어진 이가 이르러 몸을 의지하더라도 그 덕이 어찌 참되겠는가.

수 지 어 신 기 덕 내 진
修之於身 其德乃眞

어진 이가 이르러 집안을 의지한다 하더라도 그 덕이 어찌 넉넉하겠는가.

수 지 어 가 기 덕 내 여
修之於家 其德乃餘

어진 이가 이르러 고을을 의지하더라도 그 덕이 어찌 자라나겠는가.

수 지 어 향 기 덕 내 장
修之於鄕 其德乃長

어진 이가 이르러 나라를 의지하더라도 그 덕이 어찌 우거지겠는가.

수 지 어 국 기 덕 내 풍
修之於國 其德乃豊

어진 이가 이르러 천하를 의지하더라도 그 덕이 어찌 넓겠는가.

수 지 어 천 하 기 덕 내 보
修之於天下 其德乃普

그러므로 몸에 따라 몸을 보고,

고 이 신 관 신
故 以身觀身

집안에 따라 집안을 보며,

이 가 관 가
以家觀家

고을에 따라 고을을 보고,

나라에 따라 나라를 보며,

천하에 따라 천하를 보라.

내가 어찌 천하가 그러한 줄 아는고?

이 때문이니라.

이 향 관 향
以鄉觀鄉

이 국 관 국
以國觀國

이 천 하 관 천 하
以天下觀天下

오 하 이 지 천 하 연 재
吾何以知天下然哉

이 차
以此

○ 善建者不拔

선善은 '잘할 선, 옳게 여길 선'이다. 건建은 다들 알고 있다시피 '세울 건'인데 여기에서는 건물을 짓거나 세운다는 말이 아니라 '베풀다'는 뜻이다. 왜냐하면 뒤에 나오는 포抱(품다)와 대비되는 말이어야 하기 때문이다. '베풀다'는 말은 두 가지 뜻을 지니고 있다. 하나는 '남에게 돈을 주거나 일을 도와주어서 혜택을 받게 하다'는 뜻이고 또 하나는 '일을 차리어 벌이다'는 뜻이다. 여기에서는 뒤의 뜻으로 썼다. 자者는 가정이나 조건을 나타낸다. 그러므로 선건자善建者는 '일 벌이기를 잘한다면, 일 벌이기를 옳게 여긴다면'이라는 뜻이다. 일의 알맹이보다는 겉모습과 성과에 집착하고 일 자체를 목적으로 생각하니 잘난 척 자신을 드러내기를 좋아한다. 바로 위爲하기를 좋아하는 사람이다.

발拔은 '가릴 발'이다. 가려 뽑는다, 선발選拔한다는 말이다. 그러므로 선건자불발善建者不拔은 "일 벌이기를 잘하고 옳게 여긴다면 (그런 사람은 관리로) 뽑지 말라"는 말이다. 과거제도가 없던 시절이었으니 추천이나 평판을 따라 관리를 뽑았을 터인데 일 벌이기를 좋아하는 사람, 일이 잘되고 나면 자신의 공적이라고 드러내고 잘난 척 하는 사람은 관리로 뽑지 말라는 것이다. 겉모습만 그럴듯할 뿐이지 알맹이 없는 일을 벌이기 쉽기 때문이다.

○ 善抱者不脫

포抱는 '품을 포, 안을 포'이다. 자者는 위와 마찬가지로 가정이나 조건을 나타낸다. 따라서 선포자善抱者는 '가슴에 품기를 잘한다면(옳게 여긴다면)'이라는 뜻이다. 일을 벌여 공을 세우려고 나서기보다는 벌이고자 하는 일이 있더라도 가슴에 품어 깊이 생각하는 사람이다. 선불리 일을 빌이러 하시 않고 살난 척 나서지도 않으며 일을 벌이더라도 그것이 자신의 공적이라고 내세우지 않는 사람이다. 그러므로 선포자

불탈善抱者不脫은 "(일 벌일 생각을) 품어 안기를 잘한다면(옳게 여긴다면 관리를 뽑을 때) 빠뜨리지 말라"는 뜻이다. 탈脫은 '빠뜨릴 탈'이다.

○ 子孫以祭祀不輟

지금까지 이 글귀는 '자손이 제사를 그치지 않다'로 옮겨 왔다. 이 글귀만 떼어놓고 본다면 틀렸다고 할 수는 없지만, 앞서 나온 선건자불발善建者不拔 선포자불탈善抱者不脫과 이어지지 않는다. 그러다보니 건建을 '덕을 세우다', 포抱를 '덕을 품다'로 보거나 이경숙처럼 '자손(집안)을 바로 세우다'나 '자손을 제대로 품어 가르치다'로 풀이해 왔던 것이다.

그러나 그렇게 유추할 수 있는 근거는 없다. 더구나 살아 있을 때 제 한 몸이나 잘 간수하라고 한 노자가 죽어서 얻어먹을 제삿밥 따위에 신경을 썼겠는가?

《사기》에 나오는 노자와 윤희 이야기가 사실이라면 이 글귀는 늙으신 선생님께서 주나라를 떠나 몸을 숨기려는 까닭을 말한 것이 뚜렷하다. 그러므로 여기에 나오는 자손子孫의 뜻은 우리가 흔히 쓰는 '아들과 손자, 자식, 후예'가 아니다. 자子는 '아들 자'가 아니라 '나 자'이며 손孫은 손遜과 같은 뜻인 '달아날 손'이다. 한편 이以는 '까닭 이'이기도 하거니와 인因과 마찬가지로 '~에 기인하다'는 뜻으로 쓰기도 하는 글자다. 철輟은 '그칠 철'이다. 그러므로 이 글귀는 "내가 달아나는 까닭은 제사가 그치지 않기 때문"이라는 뜻이다.

여기에서 제사란 국가차원에서 올리는 큰 제사를 말한다. 아마도 종교 제의와 축전이 어우러지는 것이었으리라. 화려한 치장, 떠들썩한 음악과 춤, 신령 앞에 진설珍設하는 온갖 제수는 말할 것도 없고 몇 날 며칠 동안 먹고 마시는 데 큰돈이 들었을 것이다. 더구나 《춘추좌전》에 따르면 노자의 출신지인 초나라의 성왕(成王: B.C. 671-626)은 조상인 축융祝融과 육웅鬻熊에 대한 제사를 모시지 않는다는 것을 핑계로 기夔나라[10]를 공격하여 멸망시켰던 것으로 보아 제사를 매우 중요한 국가행사로 치렀음을 미루어 알 수 있다. 이런 크고 화려한 행사가 그치지 않고 벌어졌다면 이건 나라가 망할 길로 접어든 것이다. 국고 탕진은 말할 것도 없고, 나라 안에 있는 사람들을 향락에 빠지게 하고 마음을 어지럽혔을 것이다.

꾸미고 드러내는 것을 미워한 노자가 이를 좋게 보았을 리가 없다. 온갖 음률이 사람으로 하여금 귀먹게 하고(五音令人耳聾, 제12장), 온갖 맛난 음식이 사람으로 하여금 입맛을 버리게 한다(五味令人口爽, 제12장)고 했으며, 즐거운 놀이가 사람 마음을 미치게 한다(馳騁畋獵令人心發狂, 제12장)고 이미 말하지 않았던가.

이렇게 실속 없고 겉치레만 번지르르한 제사가 그치지 않았음은 벼슬아치들 가운데 '일 벌이기'를 좋아하는 사람들[善建者]이 많았음을 뜻한다. 나라 창고가 점점 비어가서 나라가 쇠미衰微해지면 온갖 혼란과 외침을 겪을 것이며, 마침내 본성을 지키기도 어려워질 것이다. 아마도 늙으신 선생님은 이런 일을 비판하고 그만두라고 간하다가 목숨을 잃을 위기에 빠졌을 것이다.

○ 修之於身 其德乃眞

수修는 '어진 이 수'다. 지之는 동사 '이를 지'다. 어於는 '기댈 어'로 '의지하다'는 뜻이다. 따라서 수지어신修之於身은 '어진 이가 이르니 몸을 의지하다', 어진 이에게 몸을 맡긴다는 말이다.

내乃는 '어찌 내'나. 따라서 기덕내진其德乃眞은 '그 덕이 어찌 참이겠는가'라는 뜻이다. 어진 이나 성인에게 몸을 기대는 것은 참된 덕이 아니라는 말이다. 덕이란 스스로 갈고 닦아 몸에 익히는 것이기 때문이다.

10) 초나라는 웅씨熊氏의 나라인데 기나라의 왕실 또한 웅씨다. 호북성 자귀현秭歸縣 동남쪽에 있던 군소 제후국이다.

○ 修之於家 其德乃餘

"어진 이가 이르러 집안을 기댄다 하더라도 그 덕이 어찌 넉넉하겠는가"로 옮긴다. 어진 이에게 가문을 의탁한다 하더라도 가문의 덕이 넉넉해지는 것은 아니라는 말이다.

○ 修之於鄕 其德乃長

"어진 이가 이르러 고을을 기댄다 하더라도 그 덕이 어찌 자라겠는가"라는 뜻이다. 어진 이에게 고을을 맡긴다고 하여 고을의 덕이 자라나는 것은 아니라는 말이다.

○ 修之於國 其德乃豐

"어진 이가 이르러 나라를 기댄다 하더라도 그 덕이 어찌 우거지겠는가"로 풀이한다. 어진 이에게 나라를 맡긴다고 하여 나라의 덕이 우거지고 무성해지는 것은 아니라는 말이다.

○ 修之於天下 其德乃普

"어진 이가 이르러 천하를 기댄다 하더라도 그 덕이 어찌 넓겠는가"라는 뜻이다. 어진 이에게 천하를 맡긴다고 해서 덕이 두루 퍼지지는 않는다는 말이다.

○ 以身觀身 以家觀家 以鄕觀鄕 以國觀國 以天下觀天下

이以는 행동의 기준이나 근거를 나타내는 전치사다. 곧 관신觀身의 기준이나 근거가 몸[身]이라는 것이다. 관觀은 '주의 깊게 살펴보다'는 뜻이다. 그러면 이신관신以身觀身은 '몸으로써(몸을 근거로 삼아) 몸을 살펴 보다'가 된다. 무슨 뜻일까? '어진 이가 이르러 그에게 몸을 기댄다 해서 그 덕이 어찌 참이겠느냐'고 했다. 말하자면 성인을 따른다고 해서 참된 덕을 지니게 되는 것은 아니니 참된 덕이 있는지는 그 몸을 기준으로 삼아야 한다는 말이다. 교회 가고 절에 간다고 해서 참된 신앙인인 것은 아니라는 말과 같다.

그러므로 뒤에 나오는 글귀도 모두 마찬가지로 옮길 수 있다. 집안, 고을, 나라, 천하의 덕은 그 자체로 볼 것이지 성인을 따르느냐와는 아무런 관계가 없다.

○ 吾何以知天下然哉 以此

하이何以는 '어찌하여 ~라고 하는가?'이다. 이以는 까닭을 뜻하는 전치사이니 '~때문'이다. 그러므로 이 글월은 "내가 어찌하여 천하가 그러한 줄 아는가? 이 때문이다."로 옮길 수 있다.

늙으신 선생님께서 천하가 그러한 줄 아는 까닭은 어진 이를 기준으로 판단하는 것이 아니라 천하 그 자체로 판단하기 때문이라는 뜻이다.

제55장 하늘 이법을 따르지 않으면 일찌감치 목숨이 다하리라

품은 덕을 두터이 하려고 백성들을 견주(어 보는 비比를 치르)는데

함 덕 지 후 비 어 적 자
含德之厚 比於赤子

벌과 전갈, 살무사 따위 뱀들이 크게 쏘고, 사나운 짐승들이 (장막 주위에) 크게 도사리며,

봉 채 훼 사 비 석 맹 수 비 거
蜂蠆虺蛇不螫 猛獸不據

사나운 새들이 크게 날개를 치(며 달려드)는구나. (장막을 세웠는데) 뼈대는 약하고 (당기는) 줄은 힘이 없어서 장막이 쓰러지고

확 조 비 박 골 약 근 유 이 악 고
攫鳥不搏 骨弱筋柔而握固

(사람들은 제 사물함) 자물쇠와 열쇠의 짝을 알 길이 없으니 온통 원망하는구나.

미 지 빈 모 지 합 이 전 주
未知牝牡之合而全作

정성이 지극하구나.

정 지 지 야
精之至也

하루를 다하여 (이름을) 불러서 크게 목이 쉬었으니

종 일 호 이 불 사
終日號而不嗄

(명령을) 따름이 지극하구나.

화 지 지 야
和之至也

(道를) 따름을 아니 가로되 고즈넉함[常]이라 하고, 고즈넉함을 아니 가로되 밝다[明]고 하고,

지 화 왈 상 지 상 왈 명
知和日常 知常日明

목숨을 더하니 가로되 복이라 하며, 마음이 힘을 부리니 가로되 군세다고 하느니라.

익 생 왈 상 심 사 기 왈 강
益生日祥 心使氣日强

물物이 왕성하면 곧 늙음인데 이(강하고 왕성함)를 힘쓰니 (하늘 이법을) 좇지 않음이라.

물 장 즉 로 　위 지 부 도
物壯則老 謂之不道

(하늘 이법을) 좇지 않으면 일찍 (목숨이) 끝나리라.

부 도 조 이
不道早已

이제껏 이 장은 덕이 두터운 이는 벌레나 뱀들이 물지 않고 맹수나 사나운 새들도 덮치지 못한다고 옮겨 왔는데 말이 되지 않는다. 덕이 두텁다고 하여 어찌 사나운 짐승들을 막을 수 있겠는가.

이 장은 비比[11]라고 하는 제도를 시행하면서 온갖 불합리와 부정이 벌어지는데도 행사를 진행하려고 애쓰는 사람을 보기로 들어 도道를 설명하고 있는 것이지, 술법이나 호신술을 이야기하고 있는 것이 아니다.

○ 含德之厚 比於赤子

함덕지후含德之厚는 '품은 덕德을 두터이 하다'는 뜻이다. 본디 함덕含德(품은 덕)은 후厚(두터이 하다)의 목적어였는데 앞으로 나가면서 구조조사 지之가 붙은 것이다.

적자赤子는 두 가지 뜻을 지닌다. 하나는 갓 태어난 핏덩이 '어린 아이'를 가리키고, 다른 하나는 임금의 다스림을 받는 '백성'을 가리킨다. 여기에서는 '백성'이란 뜻이다.

비比는 '견줄 비'다. 사람들 능력을 견주어 시험한다는 말이다. 따라서 비어적자比於赤子는 '백성들을 견주어 본다', 시험을 쳐서 유능하고 덕이 높은 이를 뽑으려 한다는 말이다. 아마 수많은 사람들이 왕경王京으로 올라와 시험에 응했을 것이다.

○ 蜂蠆虺蛇不螫 猛獸不據 攫鳥不搏

그런데 시험을 치려고 모여든 사람들에 대한 배려가 아무래도 모자랐던 듯하다. 그 당시 왕경이라고 해 봐야 나그네가 머무를 여관旅館이

---

11) 주나라에서 백성들의 덕행과 학예를 시험하던 제도를 일컫기도 한다. 3년에 한 번씩 대비大比를 시행하여 현자賢者와 능자能者를 등용하였다(《周禮》).

나 객사客舍가 얼마나 되었겠는가. 잘 곳이 없으니 아마도 왕성 밖에
천막을 쳐서 임시 숙소로 삼았을 터인데 그마저 부실하기 짝이 없었던
모양이다. 오늘날을 생각하면 안 된다. 왕성 밖이라 하더라도 인가나
시가지가 있을 턱이 없다. 그야말로 숲이고 벌판이다. 온갖 야생동물들
이 사람들을 공격했을 것이다. 사람뿐이겠는가. 먼 길 오는 사람들이
타고 온 나귀, 수레를 끄는 말 등 짐승들이 맹수들에게 물려갔을 것이
고, 그걸 막으려다가 죽거나 다치는 사람도 있었을 것이다.

이때 不는 '클 비'다. 따라서 비석不螫은 '크게 쏘다', 비거不據는 '크
게 웅거하다(도사리다)'이다. 박搏은 '칠 박'인데 '날개를 치다'는 뜻이
므로 비박不搏은 '크게 날개를 치다'는 말이다. 그러므로 봉채훼사비석
蜂蠆虺蛇不螫은 벌〔蜂〕이나 전갈〔蠆〕 같은 해충이나 살무사와 뱀〔虺蛇〕
따위가 달려들어 크게 쏘고, 물려 죽는 사람이나 짐승이 많았다는 얘
기다. 그런가 하면 들짐승들이 크게 도사리고 앉아〔不據〕 먹잇감을 노
리고 공격하기도 했을 것이고 사나운 날짐승〔攫鳥=맹금猛禽〕들이 세차
게 날개를 치며〔不搏〕 달려들기도 했을 것이다.

○ 骨弱筋柔而握固

악握은 '쥘 악'이 아니라 '장막 악'이다. 고固는 '쓰러지다'는 뜻이다.
그렇다면 악고握固는 '장막이 쓰러지다'는 뜻이다. 장막이 왜 쓰러지는
것일까? 바로 골약骨弱하고 근유筋柔하기 때문이다.

골骨은 '뼈 골'이 아니라 '뼈대 골'이다. 장막을 버티는 뼈대, 곧 기둥
을 말하는 것이지 사람이나 짐승의 뼈가 아니다. 기둥이 약하니 장막이
제대로 서 있기 어렵다. 근筋은 '힘줄 근'이지만 여기에서는 기둥을 당겨
고정하는 줄이다. 그런데 그 줄이 부드러우니〔筋柔〕 기둥을 제대로 당겨
고정할 수가 없다. 끊어지기도 한다. 기둥은 약하고 당김줄도 힘이 없으
니 점점 장막이 기울어 누가 보아도 곧 무너질 형상이다.

제 학식과 덕행을 뽐내려 모여든 사람들이 머물 장막을 마련하기는

했는데 이게 영 부실하다. 돈을 들여 기술자들을 불러 작업을 했을 터인데 그러는 가운데 여러 가지 부정이 있었을 것이다. 공사비를 부풀리거나 제대로 된 자재를 쓰지도 않고 눈속임으로 공사를 하고 돈을 빼돌렸을 것이며, 벼슬아치들에게 뒷돈을 바쳤을 것이야 불 보듯 뻔하다. 세워 놓은 장막이 온전히 서 있을 리가 있겠는가.

○ 未知牝牡之合而全作

빈모牝牡가 '암놈과 수놈'을 가리키는 말이라고 하여 빈모지합牝牡之合을 '남녀가 교합하는 일'이라고 옮기는 일이 많지만 어림도 없는 이야기. 빈牝은 '자물쇠 빈', 모牡는 '열쇠 모'다. 합合은 '짝 합'이다. 따라서 빈모지합牝牡之合은 '자물쇠와 열쇠의 짝'이란 말이다.

왜 갑자기 자물쇠와 열쇠가 나오는 것일까? 덕행과 학식을 겨루는 비比에 수많은 사람들이 모여들었다. 볼품없는 장막이지만 몸을 뉠 곳은 생겼는데 지니고 온 노잣돈이며 문방구며 하는 것들은 어찌 두어야할지 혼란스럽다. 그래서 개인 물품을 넣어둘 사물함 비슷한 것을 설치한 모양인데 이게 또 말썽을 일으켰다.

사물함에 제 물건을 넣고 자물쇠를 잠근 뒤 관리에게 열쇠를 맡겼다. 다음날 아침이 되어 행사장에 나가려고 문방구를 꺼내야 하는데 열쇠를 맡은 관리가 자물쇠와 열쇠의 짝, 곧 빈모지합牝牡之合을 알지 못한다. 이 열쇠, 저 열쇠 다 꽂아 보아 겨우 하나를 열고, 다음 자물쇠를 열려고 또 하나씩 맞춰 보아 하나를 열고… 경연대회가 시작될 시가은 다가오는데 이런 일이 되풀이되고 있으니 큰 혼란이 벌어지겠으리란 건 불 보듯 뻔한 일이다.

이것이 미지빈모지합未知牝牡之合이다. 이때 미未는 '아닐 미'인데 '아직 ~하지 못하다(아니하다)'는 느낌이 나기도 하고 '~할 길이 없다'는 뜻이 되기도 한다. 따라서 미지未知는 '(아직) 알 길이 없다'는 뜻이다. 수많은 열쇠를 바꿔 꽂아 보는 것 말고는 다른 수가 없다. 어서 자물쇠와 열쇠의 짝〔牝牡之合〕을 맞춰야 내 사물함을 열어 준비를 마치고 시험에 응할 수 있을 터인데 열쇠를 맞춰 보느라고 시간만 간다. 내가 응시할 차례가 다 되었는데도 아직도 맞는 열쇠를 찾지 못했다. 다들 재촉하며 빨리 하라고 소리를 지르며 발을 구르다가 마침내 관리들을 원망하고 저주했을 것이다.

전全은 '온통 전', '하나도 빠짐없이 모두 다'이다. 作은 '지을 작'이 아니라 '원망할 주'다. 따라서 전주全作는 '모두 원망하다'는 말이다.

○ 精之至也

이처럼 모든 것이 엉망이지만 그래도 행사를 치러내겠다며 정성을 다해 제 할 일을 하는 사람이 있었을 것이다.

정精은 '정성스러울 정'이다. 여기에서는 '정성(스러움)'이라는 명사로 전성된 것이다. 지之는 주어와 술어 사이에 들어가서 명사구나 명사절을 만들어주는 조사다. 지至는 '지극할 지'다. 야也는 흔히 단정, 판단, 진술 등을 나타내는데 여기에서는 감탄을 나타내는 어기조사로 쓴 것이다.

따라서 이 글귀는 "정성(스러움)이 지극하구나!"는 뜻이다. 행사 준비가 철저하지 못하여 혼란스럽고 진행은 삐걱거린다. 참가자들이 불평하고 원망할 수밖에 없는데도 정성을 다해 행사를 진행하려고 하니 그 노고가 참으로 갸륵하다는 것이다.

○ 終日號而不嗄 和之至也

종일終日은 흔히 '종일토록'이라고 옮기는데 본디 뜻은 '하루를 다하다'는 말이다. 호號는 '부르짖을 호'다. '큰소리로 부른다'이니 비比에 참가한 사람들을 순서대로 이름을 불러 앞으로 나오게 하는 것이다. 따라서 종일호終日號는 '하루를 다하여 이름을 부른다'로 옮긴다.

이때 丕는 '클 비', 嘶는 '목쉴 사'다. 오늘날과 같은 음향 증폭 설비가 없으니 큰 소리로 이름을 부르며 사람들 사이를 누벼야 했을 것이다. 크게 목이 쉬는(不嘎) 것은 당연하다.

和화는 '좇을 화'다. 복종하다는 뜻이다. 也야는 감탄을 나타내는 어기조사다. 따라서 和之至也화지지야는 '복종함이 지극하구나!'이다. 모든 것이 엉망이지만 그래도 행사를 치르는 데에 이렇게 힘을 다하니 명령에 따라 제 할 일을 다하려는 마음과 정성이 참으로 지극하다는 것이다.

○ 知和日常12)

和화는 '좇을 화'라고 했다. 명령을 따라 복종하는 것이다. 따라서 이 글귀는 "(분부대로) 좇음을 아니, 가로되 고즈넉함(常)이라고 한다"는 말이다. 이때 명령은 '하늘 이법', 곧 천도天道를 말하므로, 순리順理하는 것이 바로 화和다. 천도를 따르면 별다른 일 없이 고즈넉한 일상이 지나갈 것이다. 조정이나 관리의 명령도 정성들여 따르는데 하늘 이법을 따르는 일이야말로 지극한 정성을 다해야 하지 않겠느냐는 것이다.

○ 知常日明13)

"고즈넉함을 아니 가로되 현명(明)하다고 한다"는 말이다. 참으로 현명한 이는 고즈넉함을 아는 이다. 나를 드러내지 않으니 분란에 휘말릴 일도 없이 고즈넉한 일상이 조용히 지나간다. 본성을 해칠 일이라고는 일어나지 않는다. 이 얼마나 현명한 삶이가!

---

12) 제16장에는 복명왈상復命曰常이라 했다.
13) 지상왈명知常曰明은 제16장에도 나오는 말이다. 제52장에는 현소왈명見小曰明이란 말도 나온다.

○ 益生曰祥

익益은 '더할 익'이다. 생生은 '목숨 생', 상祥은 '복 상'이다. 따라서 익생왈상益生曰祥이란 "목숨을 더하니 가로되 복이라 한다"는 뜻이다. 목숨을 더한다는 것은 죽을 일을 피하여 더 오래 산다는 말이다. 전쟁에 끌려가 죽지도 않고, 사고를 당해 죽지도 않으며, 죽을병에 시달리지도 않고 오래 살 수 있다면 그것이야말로 복이라는 것이다.

○ 心使氣曰強

흔히 '마음으로 기氣를 다스리는 것을 강強이라 한다'고 옮긴다. 인생 수양 지침처럼 들리는 그럴듯한 말이지만 틀렸다. 심心에 '마음으로'란 뜻은 없다. 사使는 '부릴 사, 하여금 사'지 '다스리다'는 뜻으로 쓰지는 않는다. 따라서 심사기心使氣는 '마음이 기氣를 부린다'는 말이다. 이때 기氣는 힘이니 '마음이 힘을 부린다'는 뜻이다. 솟구쳐 오르는 힘을 마음으로 제어하는 것을 일컬어 '강하다'고 한다는 것이다.

○ 物壯則老

세상 모든 것은 생겨나는 순간 죽음을 향해 간다. 몸과 마음이 자라고 아름다움과 힘을 뽐내는 젊은 날도 있지만 그 시절이 결코 오래 가지는 않는다. 그 무엇이든 기세 좋게 뻗어나가고 세력이 왕성하면〔物壯〕곧 늙을 수밖에 없는 것이다. 빛나는 청춘도 늙음을 앞두고 있으니, 힘과 강함을 추구하는 것은 늙어 쇠퇴함을 앞당기는 일이다. 나고 자라 늙고 쇠퇴하여 죽는 것은 하늘(자연) 이법이다. 그러나 그것을 앞당겨 재촉할 까닭은 없다.

○ 謂之不道

위謂는 '이를 위'가 아니라 '힘쓸 위'다. 지之는 장壯을 가리키는 인칭대사다. 따라서 이 글귀는 "왕성함을 힘쓰는 것은 부도不道"라는 말이다. 왕성하면 곧 늙는 것인데 그 왕성함을 힘쓴다면 늙어 쇠퇴함을 앞당기는 일이니 그것이 바로 부도不道라는 것이다.

부도不道를 흔히 '도가 아니다'로 옮기지만 정말 그럴까? 여기에서 도道는 명사가 아니다. 불不은 동사나 형용사를 수식하는 부정부사이기 때문에 도道 또한 동사나 형용사여야 한다. 도道는 '순할 도'다. 자연에 따른다, 곧 하늘 이법[道]을 따른다는 말이다. 나고 자라나 왕성하다가 늙고 병들어 죽는 것이 하늘 이법이다. 그런데 왕성함을 힘쓰니[謂之] 이는 곧 늙음을 재촉하는 일이다. 어찌 하늘 이법을 따른다고 하겠는가?

노자 당시인 춘추전국시대에는 여러 나라들이 패업을 도모하며 경쟁했다. 그러나 이렇게 나라의 힘을 키워 왕성해지면 쇠퇴를 앞두게 되는데 왜 그렇게 힘센 나라, 강한 군대를 고집하느냐는 물음인 셈이다.

○ 不道早已

도道는 '순할 도'다. 좇는다는 말이다. 따라서 부도不道는 '순하지 않다, 좇지 않다', 곧 하늘 이법을 따르지 않는다는 말이다. 하늘 이법을 따르지 않고 꾸미고 체하여 왕성함을 추구한다면 그것은 곧 늙음, 죽음에 다가서는 길이다. 조무는 '일찍 조'다. 이르는 '그칠 이'로 끝난다는 말이다. 하늘 이법, 곧 도道를 따르지 않고[不道] 강히고 왕성힌 깃만 추구하니 일찍 끝날[무己] 수밖에 없다.

제56장 현동玄同, 본디 천하가 귀히 여기는 바

알려야 할 것은 말하지 않고, 하는 말이라고는 알지 못할 소리로다.

지자불언 언자부지
知者不言 言者不知

그 구멍을 막고, 그 문을 닫으라.

색기태 폐기문
塞其兌 閉其門

작은 차이점을 꺾어 버리면 그 얽히고설킨 것을 풀게 되고,

좌기예 해기분
挫其銳 解其紛

그 큼[大綱]을 좇아 섞여 어울리면 그 티끌처럼 작은 차이점도 같이 어우러지게 되리라.

화기광 동기진
和其光 同其塵

이를 일컬어 현동玄同이라고 하느니라.

시위현동
是謂玄同

본디 현동玄同은 얻기 어렵기 때문에 친하려 함인데 얻기 어렵다 하여 멀리하고,

고불가득이친 불가득이소
故不可得而親 不可得而疏

얻기 어렵기 때문에 탐내는 것인데, 얻기 어렵다 하여 훼방하며,

불가득이리 불가득이해
不可得而利 不可得而害

얻기 어렵기 때문에 귀히 여기는 것인데 얻기 어렵다 하여 천히 여기는구나.

불가득이귀 불가득이천
不可得而貴 不可得而賤

그러므로 하늘 이법을 배워 겸손하라.(현동玄同을) 귀히 여길지니라.

고위천하귀
故爲天下貴

○ 知者不言 言者不知

흔히 '아는 이는 말하지 않고, 말하는 이는 알지 못한다'고 옮긴다. 그럴듯하다. 참으로 아는 사람은 떠벌이지 않는다. 아는 것이 많은 척 떠벌려 말하는 이는 정작 제대로 아는 것이 별로 없을 것이다. 그런데 그 말이 뒤에 나오는 글귀와 전혀 이어지지 않는다. 늙으신 선생님께서 이렇게 논리가 통하지 않는 글을 남겼을 리가 없지 않은가.

여기에서 지知는 '알릴 지'이다. 지자知者는 '아는 자'가 아니라 '알릴 것'이라고 해야 한다. 그러므로 지자불언知者不言은 '알릴 것, 알려야 할 것은 말하지 않다'는 뜻이다. 그러므로 언자부지言者不知는 '말하는 것은 (무슨 소리인지) 알 수 없다'는 뜻이다. 정작 알려야 할 중요한 것은 말하지 않고, 말하는 것이라고는 알아듣지 못할 것뿐이라는 말이다.

춘추전국시대의 제자백가에 대해서는 다들 알고 있을 것이다. 학파마다 학자마다 서로 다른 계책과 철학을 들어 제후들을 유세遊說하기에 바빴다. 그러나 그들이 말하는 것은 패업과 부국강병, 곧 제후들의 권력욕과 지배욕을 채울 방도일 뿐, 끝없는 전란 속에서 죽고 다치는 가여운 인민을 보살필 대책, 그들의 본성을 지킬 대책은 없었다. 실속 없는 소리만 하고 있다는 것이다.

○ 塞其兌 閉其門

제자백가라고 불리는 학파와 학자들의 관심사는 인민人民이 아니었다. 자신의 계책이 채택되어 높은 자리에 오르고, 자신이 모시는 제후가 마침내 패업을 이루게 됐을 때 얻을 보상과 영광이었다. 그러나 모시던 제후가 패망하게 되면 덩달아 목숨을 잃거나 패가망신하는 것도 불 보듯 뻔한 일이었다. 어쩌면 눈치 빠르게 형세가 유리한 제후에게 붙어 주군을 배반하게 될지도 모른다. 떳떳한 대도大道를 버리고 간사하고 교활한 샛길(徑, 지름길)을 취함이다.

색기태塞其兌는 '(자신을 드러내는) 구멍을 막으라'는 말이니 '자신을 드러내려 하지 말라'는 뜻이고, 폐기문閉其門은 '(세상으로 나아가는) 문을 닫으라'는 말이니 '잘난 척하며 세상일에 끼어들려 하지 말라'는 말이다(제52장).

그렇게 하면 제후에게 선택 받아 벼슬자리에 오를 일도 없고 권력 다툼이나 패권 전쟁에 휩쓸려 본성을 상할 까닭도 없을 것이다. 벼슬, 권력, 명예를 얻는 일이 중한가, 본성을 지키는 것이 중한가. 더 말하지 않아도 읽는 이들이 더욱 잘 알 것이다.

○ 挫其銳 解其紛 和其光 同其塵14) 是謂玄同

제 말만 옳다고 나서며 서로 상대방이 틀렸다고 하며 싸운다. 그들이 모두 다른 것 같지만 정작 말해야 할 중요한 것은 말하지 않는다. 곧 인민의 본성을 지키는 일에는 아무런 생각이 없고 제후의 패업이나 자신의 영달만을 생각하고 쏟아내는 말들이니 늙으신 선생님께서 보기에는 서로 별다르지도 않았던 모양이다.

그러니 그 작은 차이점들을 꺾어 쳐내어야[挫其銳] 얽히고설킨 어지러움을 풀어헤칠 수 있다[解其紛]. 예銳는 '작을 예'라고 새겨야 한다. 그렇게 하면 그 알리고자 하는 큰 줄기, 곧 대강大綱을 알게 되고, 그 대강을 좇으면[和其光] 작은 차이점[塵]들은 가지런히 되고 큰 줄기를 따라 같이 하게 된다[同其塵]. 이때 화和는 '좇을 화', 광光은 '클 광'이며 동同은 '같이 할 동'이다. 이와 같이 작은 차이는 꺾어버리고 대강을 따라 어우러시는 섯을 일러 현농玄同15)이라 한다.

---

14) 제4장
15) 이것과 저것의 차별이 없다는 뜻으로 《莊子》에도 나오는데, 도를 터득하여 부지, 무욕, 무위하는 성인이 만물과 혼연일체를 이루는 경지, 곧 도道와 합일한 상태를 말한다고 한다. '깊고도 오묘하게 같음', 또는 '피아의 차별이 없음' 정도로 옮길 수 있겠다.

○ 故 不可得而親 不可得而疏

　이 글귀는 풀이하기도 어렵고 알아듣기도 어렵다. 접속사 이而의 쓰임새 때문이다. 순접 아니면 역접으로만 보니 도대체 말이 되지 않았던 것이다.

　그래서 사람들이 생각 끝에 가득이可得而를 가득可得과 마찬가지로 '~할 수 있다'는 뜻을 지녔다고 보았다. 이렇게 하면 '친할 수도 없고 멀리할 수도 없으며, 이익이 될 수도 없고 해를 끼칠 수도 없으며, 귀히 여길 수도 없고 얕잡아 볼 수도 없다'고 제법 그럴듯한 풀이가 나온다. 하지만 이 또한 알아듣기 어렵다. 중립 또는 중용을 지킨다는 말인가? 이럴 수도 없고 저럴 수도 없으니 무엇을 어떻게 하라는 말인가? 앞서 나온 글귀와 어떻게 이어지는가?

　여기에서 이而는 인과관계를 표시하는 접속사다. 이 글귀는 "얻을 수 없기에 사랑하는 것인데 얻을 수 없다고 하여 멀리하다"는 뜻이다. 현동玄同, 곧 별다를 것도 없는 작은 차이에 얽매이지 말고 큰 줄기를 잡아 그것을 좇아 어우러지게 하는 일은 하기 어렵다. 그래서 현동玄同함을 더더욱 사랑하고 친해야 하는데 사람들은 그 일이 얻을 수 없고 하기 어려운 일이라 하여 멀리하고 제쳐버린다는 것이다.

○ 不可得而利 不可得而害 不可得而貴 不可得而賤

　리利는 '탐할 리', 해害는 '시기할 해'다. 따라서 불가득이리不可得而利 불가득이해不可得而害는 '얻을 수 없으니 탐내는 것인데 얻을 수 없다 하여 (현동을 이루려 애쓰는 이를) 시기하다'는 뜻이다.

　불가득이귀不可得而貴 불가득이천不可得而賤은 '얻을 수 없으니 귀히 여기는 것인데 얻을 수 없다 하여 얕잡아 보다(천히 여기다)'고 옮긴다. 얻을 수 없는 귀한 것이니 사랑하고 탐내야 마땅한데 얻을 수 없다하여 멀리하고 훼방하고 시기하고 얕잡아 본다. 아이소포스(Aisopos, 이솝)의 우

화에 나오는 여우와 포도 이야기16)가 생각나는 글귀다.

○ 故爲天下貴

위천하爲天下는 제28장이나 제49장에도 나온 말이다. '하늘 이법을 배워 낮추라(겸손하라)'는 말이다. 귀貴는 '귀히 여길 귀'다. 따라서 이 글귀는 "그러므로 하늘 이법을 배워 겸손하라. (그리고 현동玄同을) 귀히 여기라"는 말이다.

현동玄同은 쉽게 얻을 수 없다. 그래서 사랑하고[親] 탐내고[利] 귀히 여겨야[貴] 한다. 왜냐하면 오로지 인민을 사랑하고 위하는 마음으로 정치를 해야 할 것이니 작은 차이는 꺾어버리고 어지러이 얽힌 것을 풀어헤쳐야 하기 때문이다. 천하를 다스리는 원칙 가운데 귀한 것으로 여김이 마땅하다.

---

16) 배고픈 여우가 포도송이를 찾아내고는 그걸 따먹으려고 여러 차례 뛰어올랐지만 너무 높아서 따먹을 수 없었다. 포도를 딸 수 없다는 걸 알게 된 여우가 그 자리를 떠나면서 중얼거렸다. "저 포도는 아직 익지 않은 신 포도일 거야"

제57장 무위無爲, 무사無事, 무욕無欲

정도正道로써 나라를 다스리고 권도權道로써 군사를 부리며

이정치국 이기용병
以正治國 以奇用兵

반역 없이 천하를 취하라.

이무사취천하
以無事取天下

내가 어찌하여 그러한 줄을 아는가. 이 때문이니라.

오 하 이 지 기 연 재 이차
吾何以知其然哉 以此

금령禁令을 늘려도 백성들은 더욱 가난하고,

천 하 다 기 휘 이 민 미 빈
天下多忌諱 而民彌貧

이기利器를 많게 해도 나라는 더욱 어지럽구나.

민 다 리 기 국 가 자 혼
民多利器 國家滋昏

교묘한 솜씨를 아름답게 여기니 기이한 물건이 더욱 일어나고

인 다 기 교 기 물 자 기
人多伎巧 奇物滋起

법령이 더욱 많아지는데도 도적들은 재산을 늘리는구나.

법 령 자 창 도 적 다 유
法令滋彰 盜賊多有

이러므로 성인이 이르기를, 내가 무위無爲하더라도 백성은 저절로 교화되고,

고 성 인 운 아 무 위 이 민 자 화
故聖人云 我無爲而民自化

내가 심히 조용하더라도 백성은 저절로 바로 잡으며,

아 호 정 이 민 자 정
我好靜而民自正

내가 무사無事하더라도 백성은 저절로 넉넉하고,

아 무 사 이 민 자 부
我無事而民自富

내가 무욕無欲하더라도 백성은 저절로 순박하다고 한 깃니라.

아 무 욕 이 민 자 박
我無欲而民自樸

○ 以正治國 以奇用兵

정正과 기奇는 짝을 이루어 기정奇正이란 말로 쓰기도 하는데 이때 기奇는 권도權道, 정正은 정도正道라는 뜻이다. 정도正道는 순리를 따르는 길이며 권도權道는 그때그때 형편에 따라 지어내는 일이다. 따라서 이정치국以正治國은 '정도正道로써 나라를 다스리라'는 말이다. 이때 '나라'는 주나라가 아니라 제후국을 가리킨다.

이기용병以奇用兵은 '권도權道로써 군사를 부리다'는 뜻이다. 군사를 부리는 일은 정도正道만 고집할 수는 없다. 온갖 계책과 속임수(궤계詭計)를 써야 한다. 무슨 수를 쓰든 이기는 것이 목적이고 선善이기 때문이다.

○ 以無事取天下

"무사無事로써 천하를 취하라"는 말이다. 이때 사事는 '일 사'인데 '반역, 모반'이란 뜻이 있다. 그렇다면 이 글귀는 "반역하지 않음으로써 (반역함이 없이) 천하를 취하라"는 말이 된다. 천하를 취한다는 것은 왕조를 무너뜨리고 왕위에 올라 새 왕조를 연다는 말인데 반역하지 않고서 어떻게 왕위에 올라 새 왕조를 열 수 있을까?

이는 바로 선위禪位를 뜻하는 것이다. 왕위는 제 자식에게 물려주는 것이지만 본디 그랬던 것은 아니라고 한다. 비록 설화說話이긴 하지만 요堯가 순舜에게, 순舜이 우禹에게 임금 자리를 넘겨주었다고 하지 않는가. 임금이 될 만한 덕을 갖추었다면, 권도權道로써 병사를 부려 반란을 일으키지 않더라도 선위를 받아 천하를 취할 수 있다는 이야기다.

○ 吾何以知其然哉 以此

"내가 어찌하여 그러한 줄을 아는가. 이 때문이다"라는 뜻이다. 내가 왜 반역이나 모반 없이 천하를 취하는 것이 정당하다고 생각하게 되었느냐, 바로 다음과 같기 때문에 그리 생각하게 되었다는 뜻이다.

○ 天下多忌諱 而民彌貧

기휘忌諱는 꺼리고 싫어한다는 뜻이다. 이름을 지을 때 조상이나 임금의 이름자를 피하는 것을 가리키기도 하는데 여기에서는 '나라의 금령禁令'이라는 뜻이다. 다多는 '많을 다'가 아니라 '많게 할 다'다. '아름답게 여길 다'이기도 하다. 그러므로 천하다기휘天下多忌諱는 '천하가 금령禁令을 (아름답게 여겨) 많게 하다(자꾸 만들어내다)'는 뜻이다.

그러나 '훔치지 말라', '속이지 말라' 따위 금령이 제아무리 늘어나도 백성은 더욱 가난해진다[民彌貧]. 금령을 만드는 이, 곧 정치를 한다는 이들이 더 큰 도적들이요, 사기꾼들이기 때문이다. 좀도둑에게 빼앗겨봐야 얼마나 되겠는가. 잠시 어려움을 겪기는 하겠지만 가난해지는 까닭은 아니다. 그러나 나라의 큰 도적들, 곧 정치를 맡은 이들은 법을 빙자한 온갖 빌미를 들이대어 백성을 수탈한다. 금령이 늘어날수록 백성들이 더욱 가난해지는 것은 그 때문이다.

○ 民多利器 國家滋昏

민다리기民多利器를 '백성들에게 문명의 이기가 많다'고 옮기기도 하는데 그럴 수는 없다. 현대 사회도 아니고 2천 년도 더 된 옛날이다. 이기利器가 있기는 했겠지만, 가난하기만 한 백성들이 얼마나 많은 이기利器를 지닐 수 있었겠는가.

이곳의 다多 또한 '많게 할 다'다. 노동하는 백성들이 열심히 이기利器를 만들어 내어 많게 하지만, 그것을 쓰는 사람은 소수 지배층이다. 만들어 내기는 하지만 내 것이 되지는 못하니 소외감과 박탈감이 커질 것이다. 그래서 국가國家[17]가 더욱 어지러워진다[國家滋昏].

○ 人多伎巧

기교伎巧는 '교묘한 기술이나 솜씨'를 가리키는 말이다. 여기에서 다多는 '아름답게 여길 다'다. 이때 인人은 민民과 다른 존재다. 민民이 피지배층이라면 인人은 지배층이다. 민民이 노동계급이라면 인人은 노동하지 않고 소비만 하는 유한계급有閑階級이다. 따라서 인다기교人多伎巧는 "사람들(지배층)이 교묘한 솜씨를 아름답게 여긴다"는 뜻이다. 지배층이 원하는 것이니 피지배층은 하지 않을 도리가 없다. 더 아름답고 더 정교한 기물을 만들지 않을 수가 없으니 기술이 더욱 정교해지고 발전할 것이다.

○ 奇物滋起

자滋는 '더욱 자'다. 기起는 '일어날 기'인데 '발생하다'는 뜻이다. 따라서 이 글귀는 기술이 발달하니 기이한 물건[奇物]이 더욱 많이 생겨난다[滋起]는 말이다. 그런데 이렇게 늘어나는 이기利器와 기물奇物은 만든 이, 곧 노동하는 백성의 것이 아니라 지배층의 것이다. 지배층이 그러한 이기와 기물을 독점하려면 마땅히 금령禁令을 세워야 했을 것이며 금령이 더욱 정교해지고 늘어나는 것 또한 마땅하다.

○ 法令滋彰

창彰은 '밝을 창, 드러날 창'이니 법령자창法令滋彰은 "법령이 더욱 밝게 드러난다", 규제와 금기가 더욱 촘촘해진다는 뜻이다.

---

17) 중국 주대周代의 봉건제에서 제후諸侯의 봉토인 국國과 대부大夫의 봉토인 가家를 가리키는 말이다.

○ 盜賊多有

여기에서 유有는 '있을 유'가 아니라 '소유 유'다. 다多는 앞서 나온 것처럼 '많게 할 다'다. 따라서 이 글귀는 "도적은 가진 것을 많게 한다"는 뜻이다. 제아무리 정교한 법령이 늘어난다 해도 그것을 비웃기라도 하듯 도적들은 재산을 늘린다. 법을 피해 재산을 늘리는 도적이라면 좀도둑이 아니다. 법망을 피해 나갈 수 있는 권세와 지식을 지닌 이일 것이니 바로 벼슬아치들이다. 사리사욕을 채우는 데만 눈이 벌건 썩은 관리들이니 나라곳간을 축내는 큰 도적들이다.

○ 故聖人云 我無爲而民自化

그러므로 성인이 이르기를 아무위이민자화我無爲而民自化라고 했다는 말이다.

화化는 '될 화'로 '교화된다'이다. 따라서 아무위이민자화我無爲而民自化는 '나는 무위無爲하지만(내가 무위無爲하더라도) 백성은 저절로 교화된다'로 옮긴다. 여기에서 무위無爲는 '체하지 말라'가 아니라 '체함이 없다'는 뜻이다. 법령을 지어내고 어기는 자는 벌하고 그렇게 해서 힘으로 밀어붙이는 일이 바로 '체'하는 것인데 그러지 않더라도 잘 되어 나가리란 말이다.

○ 我好靜而民自正

호好는 '심히 호'다. 따라서 아호정我好靜은 '나는 심히 고요하다'는 말이다. 법을 세워 힘으로 밀어붙이지 않고 순리를 따르며[無爲], 없는 일을 지어내 부산을 떨지도 않고[無事], 무언가 이루고자 바라는 바도 없으니[無欲] 참으로 고요하다. 성인은 이렇게 아무런 일도 하지 않는 것처럼 고요하다.

○ 而民自正

"백성들이 스스로 바로잡는다"는 뜻이다. 성인聖人은 억지로 짓거나 꾸며서 하지 않는다. 순리에 따르니 서두를 일도 없고, 소리쳐 재촉할 일도 없다. 모든 것을 순리에 따라 하니 막히는 것이 없고 심히 고요하고 평안하다.

그렇게 해도 백성들은 스스로 마음과 행실을 바로잡는다. 순리를 따르는 것이 얼마나 편안한 일인가를 알게 되니 백성들도 순리에 따라 마음과 행실을 바로잡는다는 말이다.

○ 我無事而民自富

무사無事는 유사有事의 반대말이다. 유사有事는 '일삼아 한다'이니 무언가 열매를 거두려고 없는 일을 만들고 지어내는 것이다. 그러나 성인은 유사有事하지 않고 무사無事한다. 그렇게 하더라도 백성들은 저절로 넉넉하다[民自富]. 왜 그런가? 순리를 따르기 때문이다.

노자가 말하는 부富가 물질이 풍요롭다는 뜻이 아님은 말할 나위도 없다. 노자가 생각하는 경제를 오늘날의 자본주의 관점에서 바라보아서는 안 된다. 노자의 부富(넉넉함)는 배곯지 않고, 추위에 떨지 않으며, 억압과 간섭을 받지 않고 마음 편히 사는 것을 말한다.

○ 我無欲而民自樸

성인은 바라는 바가 없다[我無欲]. 백성들이 이러저러하게 되어야 한다고 말하지도 않고 시키지도 않으며 바라지도 않지만, 백성은 저절로 순박하게 된다[民自樸]. 여기에서 순박하다는 말은 꾸밈, 곧 '체'함이 없다는 말이다.

법과 금령을 세워도 백성들의 삶을 구제할 수 없음이 드러났다. 하늘 이법을 따르지[順理] 않기 때문이다. 그러나 성인은 하늘 이법을 따르니 법과 금령이 없어도 모든 것이 탈 없이 잘 돌아간다.

제58장 모든 것은 겹쳐 있으니 함부로 재단하지 말라

그 정사가 어둡고 답답하면 어찌 백성들이 맑고 깨끗하겠느냐.

기 정 민 민 기 민 순 순
其政悶悶 其民淳淳

그 행정이 민생을 꼼꼼히 살핀다면 어찌 백성들이 빠져나가 그 수가 모자라겠느냐.

기 정 찰 찰 기 민 결 결
其政察察 其民缺缺

재앙이여! 복福을 의지하는 바로구나.

화 혜 복 지 소 의
禍兮 福之所倚

복록福祿이여! 재앙을 숨긴 바로구나.

복 혜 화 지 소 복
福兮 禍之所伏

누가 (복록에 숨어 있는) 그 흉악함을 알겠는가? 아마도 순수한 것은 없으리라.

숙 지 기 극 기 무 정
孰知其極 其無正

정도正道는 권도權道와 더불어 겹치고

정 복 위 기
正復爲奇

선善은 요妖와 더불어 겹치니

선 복 위 요
善復爲妖

사람들을 헤매게 한 그날이 참으로 오래 되었도다.

인 지 미 기 일 고 구
人之迷 其日固久

그러므로 성인은 견주어 보기는 하지만 가르지 않고,

시 이 성 인 방 이 불 할
是以 聖人方而不割

날카롭기는 해도 (가르지 않으므로) 상처를 내지 않으며, 바로잡기는 하나 굳이 힘쓰지 않고,

렴 이 불 귀 직 이 불 사
廉而不劌 直而不肆

크고 위대하지만 빛나지 않느니라.

광 이 불 요
光而不燿

O 其政悶悶

　기其는 지시대사로 쓴 것이니 기정其政은 '그 정사政事', 또는 '그 행
정'이라는 말이다. 민悶은 '어두울 민, 답답할 민'이니 민민悶悶은 '어둡
고 답답하다'는 말이다.

　따라서 기정민민其政悶悶은 "그 정사(행정)가 어둡고 답답하다"는 말
이다. 이때 민민悶悶을 바람직한 정사나 행정체계로 보고 번역하는 이
들이 많은데 그런 것이 결코 아니다. 제55장에 나온 것처럼 꼼꼼하지
못하고 느슨한 행정을 민민悶悶이라고 표현한 것이다. 돈은 있는데 행
사 준비는 부족하고, 그 돈이 알게 모르게 빠져나가 탐관오리와 장사
치들만 배를 불리니 참으로 어둡고 답답한 행정이다.

O 其民淳淳

　여기에서 기其는 '어찌, 어떻게'라는 뜻을 지닌 의문대사다. 기豈와 같
다. 순淳은 '깨끗할 순, 맑을 순'이니 순순淳淳은 '깨끗하고 맑다'는 뜻이
다. 그러므로 이 글귀는 "어찌 백성들이 맑고 깨끗하겠는가"라는 뜻이
다. 정사가 어둡고 답답하면 탐관오리들이 판을 치게 되고, 죽어나는 것
은 백성들이다. 죽지 못해 살든지, 도적이 되든지, 이웃 나라로 달아나
든지, 아니면 목숨을 걸고 난을 일으키는 길이 있을 뿐이니 백성들이
맑고 깨끗할 수는 없는 것이다.

O 其政察察

　찰察은 '자세할 찰, 살필 찰'이니 찰찰察察은 '자세히 살피다'는 뜻이다.
민민悶悶과는 반대로 꼼꼼하게 정비되어 있어서 부정부패나 무사안일이
발붙일 틈이 없는 정치와 행정체계다. 민생을 꼼꼼히 살필 수 있는 것이
당연하다. 따라서 이 글귀는 "그 정사(행정)가 꼼꼼하게 정비되어 있다"

고 옮기면 될 것이다.

○ 其民缺缺

여기에서 기其는 '어찌, 어떻게'라는 뜻을 지닌 의문대사다. 결缺은 '없어질 결, 모자랄 결'이니 결결缺缺은 '없어져 모자란다'가 된다. 따라서 이 글귀는 "어찌 백성이 없어져 모자라겠는가"는 뜻이다.

정치가 민민悶悶하여 민생을 돌보지 못하면 백성들이 못살겠다고 달아나는 것은 당연한 일이다. 백성 수가 줄어들면 나라를 경영하기 어렵게 된다. 세수稅收가 줄어들고 노동력이나 군사로 징발할 사람이 줄어들기 때문이다. 그러나 정치가 찰찰察察하여 민생을 제대로 돌본다면 백성들이 달아날 까닭이 없다.

○ 禍兮 福之所倚

혜兮는 감탄[18]을 나타내는 종결사다. '~여, ~로다, ~구나' 등으로 옮기면 된다. 지之를 구나 절을 만들어 주는 구조조사로 본다면 복지소의福之所倚는 '복福이 기대는 바'가 되어, 재앙이 온다 하더라도 그 속에는 복福이 들어 있을 수 있다는 말이 된다.

정말 그럴까? 지之를 도치구문에 쓴 구조조사로 본다면 어떨까? 본디 소의복所倚福이었는데 복福을 강조하려고 앞으로 끌어내면서 복지소의福之所倚가 되었다고 본다면 말이다. 그렇다면 복지소의福之所倚는 '복福을 기대는(의지하는) 바'가 되고 복 속에 재앙이 들어 있다는 말이 된다. 지之를 무엇이라고 보느냐에 따라 '화禍 속에 복福이 있다'는 뜻이 되기도 하고 '화禍는 복福을 기댄다(의지한다)', 곧 '복福에는 화禍가 따라온다'는 말이 되기도 하는 것이다.

---

18) 감탄종결사 : 부夫, 재哉, 호乎, 여與, 혜兮 따위가 있다.

늙으신 선생님께서는 지위, 명예, 재산 따위가 중요한 게 아니라 제한 몸, 곧 본성을 지키는 것이 중요하다고 보았다. 복을 얻으려다가 화를 당하는 일이 많았던 세상이었으니 복福을 얻으려고 애쓰지 말고 본성이나 지키라고 했던 것이다. 그렇다면 이 글귀는 내가 복을 받는다 해도 그것이 화禍를 불러올 수도 있으니 경계하라는 말이 될 것이다. 지위, 명예, 재산 따위를 얻어 복록福祿이 넘친다 해도 다른 이들의 시샘을 받아 거꾸러질 수도 있기 때문이다.

○ 福兮 禍之所伏

화지소복禍之所伏은 본디 소복화所伏禍였는데 복伏의 목적어인 화禍를 앞으로 빼면서 구조조사 지之가 붙은 것이다. 이때 복伏은 '숨길 복'이다. 따라서 화지소복禍之所伏은 '화禍를 숨긴 바'라는 뜻이다. 앞에서 말한 것처럼 화는 복을 기대고 있는 것이니 복에는 화가 숨어 있다는 말이다. 그러므로 복福을 얻으려고 애쓸 일이 아니다.

○ 孰知其極

숙孰은 '누구 숙'이다. 극極은 '극처 극'인데 어떤 사물이 최고, 최상에 이른 경지를 말하며 때로 극악極惡이나 지흉至凶을 가리키기도 한다. 여기에서는 지흉至凶, 곧 '몹시 흉악함'이다.

따라서 이 글귀는 "누가 그 지극한 흉악스러움을 알겠는가"라는 뜻이다. 화禍는 복福에 기대고 복福 속에 숨어 있는 것이다. 따라서 복록福祿, 곧 복되고 영화스런 삶이란 얼마나 흉악스러운 것인가? 세상 사람들이 복되고 영화롭다고 생각하는 삶 속에 얼마나 큰 재앙이 깃들어 있는지 사람들은 알지 못한다.

○ 其無正

기其는 추측을 나타내는 부사다. 정正은 '바를 정'이 아니라 '순수할 정'이다. 따라서 이 글귀는 "아마도 순수한 것은 없을 것이다"라는 말이다. 화가 복에 기대며 복 속에 화가 들어 있으니 순수한 복록, 영원한 복록이란 없을 것 같다는 말이다.

○ 正復爲奇　善復爲妖

復를 '다시 부' 또는 '돌아갈 복'으로 새겨 정복위기正復爲奇를 '바른 것은 다시 기이한 것으로 변한다(돌아가다)', 선복위요善復爲妖를 '선한 것은 다시 요사한 것으로 변한다(돌아가다)'로 옮긴 것들이 많은데, 조금 이상하다. 정正의 본디 모습이 기奇요, 선善의 본디 모습이 요妖라는 말이 되기 때문이다.

여기서 復은 '겹칠 복', 위爲는 '더불어 위'로 보아야 한다. 그러므로 정복위기正復爲奇는 '정正은 기奇와 더불어 겹친다'는 뜻이다. 정正과 기奇는 정도正道와 권도權道라는 뜻(제57장)이니 세상 사람들이 바르다고 여기는 길에는 속임수가 겹쳐 있다는 말이다. 선복위요善復爲妖는 '선善은 요妖와 더불어 겹친다'는 뜻이다. 선善은 '옳게 여길 선', 요妖는 '재앙 요'이니 세상 사람들이 옳다고 여기는 길에는 재앙이 겹쳐 있다는 말이다. 그 길은 바로 부와 명예를 좇는 길이다.

○ 人之迷　其日固久

미迷는 '헤맬 미'가 아니라 '헤매게 할 미'다. 인人은 미迷의 목적어인데 앞으로 나오면서 그것이 목적어임을 알려주는 구조조사 지之가 붙은 것이다. 따라서 인지미人之迷는 '사람들을 헤매게 하다'가 된다. 기일고구其日固久는 '그날이 진실로 오래 되었다'는 말이다. 사람들을 헤매게 만든 날이 참으로 오래되었다는 말이다. 이어서 옮기면 "사람들을 헤매게 하니 그날이 진실로 오래 되었다"는 뜻이 된다.

○ 是以 聖人方而不割

이 세상에 순수한 것이란 없는 듯하다[其無正]. 순수한 것이 없으니 정正과 기奇, 선善과 요妖를 무 자르듯 잘라 가려내기는 어려운 일이다.

방方은 '견줄 방'이다. 따라서 방이불할方而不割은 '견주지만 가르지 않는다'는 뜻이다. 우리는 제2장에서 '유무상생有無相生, 난이상성難易相成, 장단상교長短相較, 고하상경高下相傾, 음성상화音聲相和, 전후상수前後相隨'라는 글귀를 본 적이 있다. 유무有無, 난이難易, 장단長短, 고하高下, 음성音聲, 전후前後는 서로 견줘볼 때 반대되거나 대비되는 것들이지만, 그들이 서로 등을 돌리고 갈라서는 것이 아니라 서로 이루고 오고가며, 어우러지고 따른다는 뜻이었다.

마찬가지로 정正과 기奇가 겹쳐 있고, 선善과 요妖가 겹쳐 있으며, 화禍와 복福도 겹쳐 있다. 세상사라는 것은 어느 한쪽 면만 지니고 있는 것이 아니기에 가르고 나눌 수가 없는 것이다. 그래서 큰 제도는 가르지 않으며(大制不割, 제28장), 대도大道는 물 위에 떠 있는 것과 같아서 좌우에 다 합당하다(大道氾兮 其可左右, 제34장)고 한 것이다.

○ 廉而不劌 直而不肆 光而不燿

렴廉은 '청렴하다'로 많이 쓰지만 '날카롭다'는 뜻도 있다. 귀劌는 '상처 내다'는 뜻이다. 날카롭게 만물을 견주어보고 구별하기는 하지만, 가르지는 않으니[不割] 상처를 내지 않는다[不劌]다. 가르고 상처를 내는 것이 바로 爲이기 때문이다.

○ 直而不肆

직直은 '바로잡을 직'이다. 사肆는 '힘쓸 사'다. 성인은 잘못된 것을 곧게 바로잡지만 힘쓰지 않는다. 애쓰거나 억지로 바로잡으려 하지 않는다는 말이다. 이 또한 무위無爲하고 무사無事하는 성인聖人의 모습이다.

○ 光而不燿

'빛나지만 눈부시지 않다', '밝지만 번쩍이지 않다'로 옮겨 놓은 것들이 많다. 매우 심오하게 들리지만 궤변에 지나지 않는 번역이다. 이것은 광光을 '빛날 광'으로만 새기기 때문이다.

여기에서 광光은 '클 광'이다. 요燿는 '빛날 요, 비칠 요'다. 따라서 이 글귀는 "(성인은) 크고 위대하지만 빛나지 않는다"는 말이다. 성인은 공을 이루었다고 믿어도 대가를 바라고 머물러 앉아 있지 않는다(恃功成而弗居夫, 제2장)고 했다. 큰일을 해낸 위대한 사람이지만 자신을 드러내려 하지 않는다는 것이다.

제59장 위寫에 인색하니 능치 못함이 없느니라

사람들을 다스리고 임금을 섬기는 데는 인색함 만한 것이 없구나.

치 인 사 천　막 약 색 부
治人事天 莫若嗇夫

오로지 寫에 인색하니 이 때문에 (백성들이) 서둘러 복종하느니라.

유 색　시 이 조 복
唯嗇 是以早服

서둘러 복종하니 이를 일러 거듭 德을 쌓는다 고 하느니라.

조 복 위 지 중 적 덕
早服謂之重積德

거듭하여 덕을 쌓으니 능치 못할 것이 없고,

중 적 덕 즉 무 불 극
重積德則無不克

능치 못할 것이 없으면 (백성들이) 임금 자리 를 알지도 못하느니라.

무 불 극 즉 막 지 기 극
無不克則莫知其極

임금 자리를 알지 못해야 나라가 존재할 수 있 으며,

막 지 기 극　가 이 유 국
莫知其極 可以有國

나라가 존재해야 그 근본도 오래 갈 수 있으리라.

유 국　지 모 가 이 장 구
有國 之母可以長久

이를 일러 뿌리를 깊게 하고 밑절미를 굳게 한다 하는데

시 위 심 근 고 저
是謂深根固柢

오래 사는 것을 말함이니라.

장 생 구 시 지 도
長生久視之道

○ 治人事天

　나라를 경영하는 사람, 곧 정치하는 사람들이 할 일은 뭐니 뭐니 해도 치인治人이 먼저다. 사람들을 잘 다스려야 하는 것이다. 그리고 사천事天해야 한다. 이때 사事는 '일 사'가 아니라 '섬길 사'다. 그래서 모든 사람들이 '하늘을 섬기다'로 읽어 왔다. 그런데 하늘을 섬기는 일이 정치와 무슨 관련이 있단 말인가. 노자가 '하늘'을 신앙이나 존숭의 대상으로 보았던 것도 아니다.

　천天은 '하늘 천'이 아니라 '임금 천'이다. 그러므로 사천事天은 관료들이 임금을 보필한다는 말이다. 관료는 곧 사람들을 다스리며 임금을 섬기는 사람이다.

○ 莫若嗇夫

　'막약莫若~'은 '~만 같지 못하다', '~만한 것이 없다'는 뜻이다. 색嗇은 '아끼다, 아껴 쓰다, 인색하다'이다. 그러므로 이 글귀는 "사람을 다스리고 임금을 섬기는데 아껴 씀(인색함)만한 것이 없다"고 옮길 수 있다.

　치인사천治人事天, 곧 정치를 하는데 무엇을 아껴 써야 한다는 말인가? 국가 재정을 아끼라는 말인가? 관료나 임금이 검소하게 살아야 한다는 말인가? 실제로 그렇게 풀이한 것들도 볼 수 있으며, 사람을 소중히 생각하고 아끼는 것19)이라고 보는 이도 있다. 그러나 그렇지 않다.

　풀이가 안 되면 노자가 말하려는 본디 뜻인 무위無爲로 돌아가서 보아야 한다. 무위無爲는 위爲가 없는 것이고 '체'하지 말라는 것이다. 꾸미고 지어내어 '체'하지 않으며 억지로 밀어 붙이지 않고 순리에 따른다는 말이다.

---

19) 이경숙, 《완역 이경숙 도덕경, 덕경》, 218쪽.

그러므로 여기에서 인색해야 하는 것은 유위有爲여야 한다. 노자가 허무맹랑한 이상주의자가 아니라는 것을 보여주는 글귀다. 아무리 무위無爲하고 무사無事해야 한다고 말은 하지만, 현실 정치에서는 그러기 어렵다는 것을 잘 알고 있었던 것이다. 그래서 어쩔 수 없이 위爲하더라도 될 수 있는 대로 피하고 줄여야 한다고 말한 것이다.

질서를 잡아야 한다며 금지하는 법을 많이 만들어 놓아도 백성들은 더욱 가난하다(天下多忌諱 而民彌貧, 제57장). 아무리 꼼꼼하게 법을 다 듬어 놓아도 마침내 도적들이 많은 것을 갖게 된다(法令滋彰 盜賊多有, 제57장). 백성들이 온갖 이기를 만들어 내도 나라는 더욱 어둡다(民多 利器 國家滋昏, 제57장). 위爲함이 많아지지만 백성들이 살아가는 데는 도움이 되지 않는다. 오히려 백성들을 옭아매고 괴롭게 만들게 되니, 마땅히 위爲를 행하는 데 인색해야 하지 않겠는가.

감언이설이나 교언영색으로 백성과 임금을 미혹하는 일과 순리를 거 슬러 억지로 하는 일에 인색해야 한다. 그렇게 해야만 아래로는 사람 들을 잘 다스리고[治人] 위로는 임금을 제대로 섬길[事天] 수 있는 것 이다. 부夫는 감탄사다.

○ 唯嗇 是以早服

조복무服을 '도道에 복종하다', '빨리 도道에 돌아가다'로 해놓은 것이 많고, 심하게는 '먼저 하다'나 '아침 일찍 옷을 입다'로 보아 위정자가 부지런해야 한다는 풀이도 있다. 그러나 아침 일찍 옷을 입고 정사를 돌보는 부지런함이 색嗇(아끼다, 아껴 쓰다, 인색하다)과 무슨 상관이 있는지 알 수 없는 일이거니와, 이렇게 부지런을 떠는 것이야말로 위 爲하는 것일 터이니 노자의 본디 뜻과도 맞지 않는다.

색嗇은 앞서 말한 것처럼 '위爲함에 인색하다, 위爲를 아껴 쓰다'는 것이다. 시이是以는 '이로써, 이 때문에'라는 뜻이다. 그러므로 유색唯嗇 시이조복是以早服은 "오로지 색嗇하니(위爲함에 인색하니, 유위有爲함을 삼가니) 이 때문에 조복早服하다"고 옮길 수 있다. 이때 조부는 '일찍 조'로 '급히, 서둘러'라는 뜻을 지니고 있다. 복服은 '좇을 복'이다. '따르다, 복종하다'는 뜻이다. 위정자들이 위爲함에 인색하면, 곧 순리를 따르고 유위有爲를 줄이려고 애쓰면 법과 제도로 밀어붙이지 않아도 백성들이 알아서 서둘러 좇고 따르게 된다(早服)는 것이다.

○ 早服謂之重積德

이렇게 백성들이 앞 다투어 좇고 따르니(早服) 이를 일러(謂之) 거듭 덕德을 쌓는다(重積德)고 한다. 이때 중重은 '무거울 중'이 아니라 '거듭 중'이다.

○ 重積德則無不克

극克을 '이기다'로 새겨 풀어놓은 책들이 많다. 심하게는 무불극無不克을 '이기지 못할 것이 없다'로 옮긴 책도 있으나 이는 극克의 뜻을 제대로 살펴보지 않은 번역이다. 극克은 어려움을 극복하거나 전쟁에서 이기는 것을 가리키는 말이 아니라 '능할 극'이다. '할 수 있다'는 뜻이다. 따라서 무불극無不克은 '능치 못함이 없다', 곧 '하지 못함이 없다'는 말이다. 백성들이 스스로 앞 다투어 복종(早服)하니 못할 것이 없게 됨은 마땅한 일이다.

○ 無不克則莫知其極

막지기극莫知其極을 '아무도 그 힘의 끝을 알지 못하다'고 풀이하곤 하지만 이 또한 잘못된 것이다. 여기에서 극極은 '임금 자리 극'이다. 따라서 막지기극莫知其極은 백성들이 '임금 자리를 알지 못한다'는 뜻이다. 하지 못함이 없는데(無不克) 이는 오로지 위爲에 인색하기 때문이다. 모든 것이 순리에 따라 자연스레 흘러가니 아무도 정치에 관심이 없고 누가 임금 자리에 있는지도 알지 못한다. 임금을 비롯한 위정자들이 정치를 잘해서 내가 잘되는 것이 아니라, 내가 잘해서 그리되었다고 생각한다.

○ 莫知其極 可以有國

유有는 '있을 유'다. 존재한다는 뜻이니 가이유국可以有國은 '나라가 존재할 수 있다'는 말이다. 임금이 누구인지도 모를 정도로 순리에 따라 정치와 행정이 이루어져야 나라가 존재하고 유지될 수 있다는 뜻이다.

○ 有國 之母可以長久

이 글귀는 왕필본에 따라 유국지모有國之母 가이장구可以長久라고 끊어 읽어 왔지만, 유국有國 지모가이장구之母可以長久라고 끊어 읽어야 한다. "유국有國해야 지모之母가 장구長久할 수 있다"는 말이다.

지之는 '이 지'다. 시是와 같으며 기其와 같은 뜻으로 쓰기도 한다. 모母는 '어미 모'인데 여기에서는 근원, 또는 근본이란 뜻으로 쓴 것이다. 따라서 지모가이장구之母可以長久는 '그 근본이 오래 갈 수 있다'는 말이다.

나라가 존재하고〔有國〕 나서야 나라를 세운 근본이 유지되는 것이지 나라가 망하고 나면 어디 가서 그 근본을 찾을 것인가. 새 왕조, 새 나라, 새 지배자가 들어섰는데 망해 버린 나라이 근본을 찾으려 한다면 반역이고 모반이 될 것이다.

○ 是謂深根固柢

심근고저深根固柢는 '뿌리를 깊게 하고 밑절미를 굳게 한다'는 말인데 성어成語로 볼 수도 있다.

○ 長生久視之道

장생구시長生久視 또한 성어成語다. 오래 산다는 뜻이다. 이것을 장생長
生과 구시久視로 나누어 '오래 살고 오래 본다'고 옮겨서는 안 된다.

한편 이 글귀는 도치문이다. 도道는 '말할 도'인데 그 목적어인 장생
구시長生久視가 앞으로 나오면서 그것이 목적어임을 알려 주는 구조조
사 지之가 붙은 것이다.

목적어	구조조사	타동사		타동사	목적어
長生久視	之	道	←	道	長生久視
오래 삶	~을(를)	말하다		말하다	오래 삶

따라서 이 글귀는 "오래 삶(산다는 것)을 말한다"는 뜻이다. 근본을
튼튼히 해야 사람도 조직도 국가도 오래 살 수 있다는 것이다.

제60장 성인은 사람들을 근심하지 않느니라

견줌이 거칠기는 하지만 나라라고 하는 것은 생선을 삶아 죽이는 것과 같구나.	치 대 국 약 팽 소 선 治大 國若烹小鮮
정치가 천하에 군림하기 때문이니라.	이 도 리 천 하 以道莅天下
만약 귀신이 영묘하지 않다면 잘못된 것인가?	기 귀 불 신 비 其鬼不神非
아마도 귀신이 영묘하지는 않으리라.	기 귀 불 신 其鬼不神
만약 귀신이 사람을 불쌍히 여기지 않는다면 잘못된 것인가?	기 신 불 상 인 비 其神不傷人非
아마도 귀신이 사람을 불쌍히 여기지는 않으리라.	기 신 불 상 인 其神不傷人
성인 또한 사람을 불쌍히 여기지 않으니	성 인 역 불 상 인 聖人亦不傷人
그 (귀신과 성인) 둘은 서로 불쌍히 여기지 않느니라.	부 량 불 상 상 夫兩不相傷
그러므로 덕德이 서로 맞아 떨어지는 것이니라.	고 덕 교 귀 언 故德交歸焉

○ 治大

치治는 '다스릴 치'가 아니다. '다스릴 치'라면 치대국治大國은 '큰 나라를 다스리라'는 명령문이거나 '큰 나라를 다스리는 것'이라는 명사구로 보아야 하는데, 이는 노자의 생각과는 전혀 다른 번역이다. 노자는 작은 나라를 꿈꾸었으므로,(小國寡民, 제80장) 큰 나라를 다스릴 방도를 이야기하지 않았을 것이다.

치治는 '견줄 치', 대大는 '거칠 대'다. 따라서 치대治大는 "견줌이 거칠다"가 된다. 이제 말하려는 것은 비유인데, 그 비유가 좀 거칠기는 하더라는 말이다.

○ 國若烹小鮮

거칠기는 하지만 견주어 보니 "국國이라고 하는 것은 팽소선烹小鮮과 같더라"는 말이다. 이때 팽烹은 '삶을 팽'인데 '삶아 죽인다'는 뜻이 있다. 선鮮은 '생선 선'이다. 따라서 이 글귀는 "나라라고 하는 것은 생선을 삶아 죽임과 같다"는 말이다.

소선小鮮은 '작은 생선'이란 말이 아니라 '생선'이란 말이고 생선[小鮮]은 민民, 곧 백성을 가리킨다. 나라가 백성을 편안히 살게 하기는커녕 생선을 삶듯 들볶고 쥐어짜 죽게 만들더란 말이다.

○ 以道莅天下

이以는 까닭을 나타내는 전치사다. 리莅는 '임할 리'다. '군림君臨하다'는 뜻이다. 그렇다면 이 글귀는 "도道가 천하에 군림하기 때문이다"로 풀이된다.

그런데 이상하다. 도道가 천하에 '군림'할 수 있는 것일까? 도道라고 하는 것은 순리順理, 곧 자연이법을 따르는 일인데 도道가 천하에 '군림'한다는 것이 맞는 번역일까?

여기에서 도道는 '도 도'다. '자연이법을 따라 무위無爲함'을 가리키는 것이 아니라 정치, 형정刑政, 예악, 학문, 기예 등을 이르니, 바로 '정치政治'를 일컫는다.

그러므로 이 글귀는 "정치가 천하에 군림하기 때문"으로 옮길 수 있다. 나라란 생선을 삶아 죽이는 것과 같다고 할 수 있는데[國若烹小鮮], 그 까닭은 정치가 백성들의 삶을 돌아보기는커녕 백성들 위에 군림하여 백성들을 억누르고 쥐어짜기 때문이다.

○ 其鬼不神 非 其鬼不神 其神不傷人 非 其神不傷人

기其를 흔히 하듯 지시대사로 보아 '그, 그것'이라고 옮기면 이 글귀는 전혀 알아들을 수 없는 소리가 되고 만다. '그 귀鬼가 영묘하지 않으니[其鬼不神], 그 귀鬼가 아니면 영묘하지 않다[非 其鬼不神]'라니 이게 도대체 무슨 뜻이란 말인가?

이는 끊어 읽기를 제대로 하지 못했기 때문에 벌어진 일이다. 기귀불신其鬼不神 비非에서 기其는 지시대명사가 아니라 가정이나 조건을 나타내는 접속사다. '만약'이라는 뜻이다. 신神은 '귀신 신'이 아니라 '영묘할 신'이다. 비非는 '아닐 비'가 아니라 '그를 비'다.

따라서 기귀불신其鬼不神 비非는 '만약 귀신이 영묘하지 않다면 (그것이) 그른가?'라는 말이다. 다들 귀신이 영묘한 힘을 지니고 있다고 생각하는데 그렇지 않다고 하면 그게 잘못된 말이냐는 것이다.

그 다음 기귀불신其鬼不神에서 기其는 추측부사다. '아마'라는 뜻이다. 따라서 이 글귀는 '아마 귀신은 영묘하지 않을 것'이라는 뜻이다.

기신불상인其神不傷人 비非에서 기其는 가정이나 조건을 나타낸다. 신神[20]은 '귀신 신'이다. 상傷은 '해칠 상'이 아니라 '근심할 상', 또는 '불

20) 흔히 귀鬼는 음기陰氣로서 '죽은 이의 혼령', 신神은 양기陽氣로서 '자연신'을 가리킨다고 가려 부르기도 하지만, 여기에서는 그런 구분 없이 여

쌍히 여길 상'이다. 따라서 기신불상인其神不傷人 비非는 '만약 귀신이 사람을 불쌍히 여기지 않는다면 그른가'라는 말이다.

그 다음 기신불상인其神不傷人에서 기其는 '아마'라는 뜻이다. 따라서 기신불상인其神不傷人은 '아마 귀신이 사람을 불쌍히 여기지는 않을 것이다'는 말이다. 귀신이라고 해도 영묘할 것이 없는데 사람을 불쌍히 여긴다는 건 말도 안 된다는 얘기다.

○ 聖人亦不傷人

"성인 또한 사람을 불쌍히 여기지 않는다"는 말이다. 불쌍히 여기지 않는다는 것은 걱정하지 않는다는 말이다. 다음은 제5장에 나왔던 글귀인데 여기에서 인仁은 '불쌍히 여길 인'이라고 했던 것이 기억날 것이다.

성 인 불 인 이 백 성 위 추 구
聖人不仁 以百姓爲芻狗

상傷을 '불쌍히 여길 상'으로 본 까닭이 바로 여기에 있는 것이다.

○ 夫兩不相傷

이때 부夫는 발어사가 아니라 량兩을 가리키는 지시대사다. 량兩은 '두 량'이다. 귀신과 성인을 가리킨다. 성인은 백성들을 근심하거나 불쌍히 여기지 않는다. 한낱 풀강아지〔芻狗〕를 보는 것처럼 무심하고 오로지 순리順理할 뿐이다. 귀신도 인간사에 관심이 없다. 따라서 귀신은 성인을 근심하지 않는다. 성인도 귀신을 마음에 두지 않는다. 산 사람조차 무심한 눈으로 바라볼 뿐인데 어찌 귀신 따위를 근심하겠는가.

ㄴ 귀신을 가리키는 말로 쓴 듯하다.

○ 故德交歸焉

교交는 '서로 교', 귀歸는 '맞을 귀'다. 언焉은 단정, 진술을 뜻하는 어기조사다. 따라서 덕교귀德交歸는 '덕이 서로 맞는다'는 말이다. 불쌍히 여기거나 근심하지도 않고 서로 무심하니 위爲함도 없고〔無爲〕 서로 바라는 바도 없다〔無欲〕. 그러므로 무위無爲하고 무욕無欲하는 덕이 서로 맞아 떨어진다〔德交歸焉〕.

제61장 크게 되려거든 낮추어 겸손할지니라

나라를 중히 여긴다면 낮추어 내려갈지라.

대국자하류
大國者下流

천하가 뒤섞이니 천하는 골짜기로다.

천하지교 천하지빈
天下之交 天下之牝

골짜기는 늘 묏등성이보다 나으니 고요함으로써 아래가 될지니라.

빈상이정승모 이정위하
牝常以靜勝牡 以靜爲下

본디 큰 나라는 작은 나라를 함락시켜 취하고,

고대국이하소국즉취소국
故大國以下小國則取小國

작은 나라는 낮춤으로써 나라를 키워 큰 나라를 취했도다.

소국이하대국즉취대국
小國以下大國則取大國

그러므로 어떤 나라는 낮춤으로써 취하고 어떤 나라는 항복을 받아 취하느니라.

고혹하이취 혹하이취
故或下以取 或下而取

나라를 키운다는 것은 인구 늘리기를 바람에 지나지 않고,

대국불과욕겸축인
大國不過欲兼畜人

작은 나라는 큰 나라에 들어가 백성들을 부릴 권력을 인정받으려 함에 지나지 않도다.

소국불과욕입사인
小國不過欲入事人

이렇게 양 편이 제가끔 그 바라는 바를 얻게 되나니

부량자각득기소욕
夫兩者各得其所欲

백성들의 본성을 크게 여긴다면 마땅히 아래가 되어야 하리라

대자의위하
大者宜爲下

○ 大國者下流

대大는 '크게 여길 대'다. 중하게 여긴다는 말이다. 자者는 가정이나 조건을 나타내는 어기조사다. 그러므로 대국자大國者는 '나라를 크게(중히) 여긴다면'이라는 뜻이다.

이경숙은 하류下流를 하천의 상류上流에 대비되는 개념으로 보고 있으나, 노자 당시에 그런 개념과 용어가 있지는 않았을 것이고 나라가 '흐를' 수 있는 존재도 아니다. 틀린 풀이다.

하下는 '낮을 하', '낮출 하'이며 류流는 '내릴 류'다. 그러므로 하류下流는 '낮추어(낮은 곳으로) 내려가라'가 된다. 내 몸을 중히 여긴다면 잘난 척 나서지 말고 겸손히 자신을 낮추어야 하는 것처럼, 나라를 중히 여긴다면 권력자가 겸손해야 한다는 뜻이다.

큰 나라라고 해서 작은 나라 위에 군림하거나, 작고 낮은 나라를 쳐서 제 것으로 만들 일도 아니다. 전쟁은 수많은 이를 죽고 다치게 할 것이며, 망한 나라의 지배층은 복수를 맹세하고 칼을 갈 것이니, 죽고 죽이는 일이 벌어지기도 할 것이다. 본성을 해치는 일이다. 나라가 크다고 해서 위세를 부릴 일이 아니라 오히려 더욱 겸손히 몸을 낮추어 내려가는 것이 옳다. 작고 힘없는 나라 또한 마찬가지다. 큰 나라 틈에 끼어 나라를 지키고 살아가려면 스스로 몸을 낮추어 겸손할 수밖에 없다.

○ 天下之交 天下之牝

나라를 중히 여기니 임금이 겸손하다. 임금이 겸손하니 전쟁은 사라지고 천하지교天下之交한다. 교交는 '섞일 교'이므로 천하지교天下之交는 '천하(의 여러 나라)가 뒤섞이다'는 뜻인데, 그 모습이 마치 여러 물줄기가 모여 섞이는 골짜기와 같다.

여기에서 천하지교天下之交의 지之는 구조조사다. 주술구조인 글월에서 주어와 술어 사이에 놓여 글월을 구나 절이 되게 한다. 우리말의 주격조사와 같이 보면 된다. 천하지빈天下之牝의 지之도 주격조사다. '천하가 골짜기'라는 말이다.

○ 牝常以靜勝牡 以靜爲下

빈牝은 여성성, 곧 음陰의 기운이고 모牡는 남성성, 곧 양陽의 기운이다. 음陰은 차갑고 무겁고 낮고 우묵하며, 축축하고 어둡고 고요하다. 양陽은 따뜻하고 가볍고 높고 튀어나왔으며, 마르고 밝고 시끄럽다. 이以는 까닭을 나타내는 전치사다. 승勝은 '이길 승'이 아니라 '나을 승'이다.

따라서 이 글귀는 '(무겁고 고요한 여성성을 지닌) 빈牝은 조용하기 때문에 (가볍고 시끄러운 남성성을 지닌) 모牡보다 낫다'는 말이다. 이 때 빈牝과 모牡는 '(낮고 우묵한) 골짜기'와 모牡는 '(높이 솟은) 묏등성이'로 옮기고자 한다.

골짜기가 묏등성이보다 나은 까닭은 무엇일까? 고요함이 시끄러움을 다스리는 임금[靜爲躁君]이기 때문이다(제26장).

이정위하以靜爲下는 명령문이다. '고요함(靜)으로써 위하爲下하라'는 말이다. 爲下는 '아래가 되라'는 말이니 겸손히 낮은 곳으로 내려갈 일이지 잘난 척하며 시끄럽게 나서지 말라는 뜻이다.

○ 故 大國以下小國則取小國

이 구절은 흔히 다음과 같이 옮긴다

大國以下小國則取小國 : 큰 나라가 작은 나라의 아래가 되면, 작은 나라를 얻을 수 있다.

이웃 나라를 무력으로 취하려는 전쟁이 끊이지 않을 때였으니 무력에 기대지 말고 오로지 '겸양하는 덕'으로 다른 나라를 취할 수 있다는 말이 참으로 그럴 듯하다.

그러나 공이 이루어지거든 스스로 물러나라(功遂身退, 제9장)고 한 노자가 기껏 남의 나라를 취할 방책을 말하지는 않았을 것이다.

고故는 '본디 고', 또는 '예부터 고'다. 하下는 '떨어뜨릴 하'다. '함락시키다, 항복을 받다'는 뜻이다. 그러므로 이 글귀는 "본디(옛날부터) 큰 나라는 (군사력을 동원하여) 작은 나라를 함락시켜 취해 왔다"는 뜻이다.

○ 小國以下大國則取大國

그렇다면 앞 글귀와 얼개가 같은 이 글귀는 "작은 나라는 (군사력을 동원하여) 큰 나라를 함락시켜 취해 왔다"고 풀이해야 할까? 논리가 맞지 않는다. 작은 나라라고 해서 큰 나라를 이기지 말라는 법은 없겠지만 그런 일이 흔하지는 않다. 큰 나라가 힘이 약해졌거나 남 몰래 숨겨둔 놀라운 무기와 군사력이 있거나 다른 나라와 동맹을 맺었거나 그 누구도 알 수 없는 신묘한 계책을 쓰지 않았다면 일어날 수 없는 일이다.

이하대국以下大國의 하下는 앞 글귀 이하소국以下小國의 하下와 다르다. 앞 글귀 이하소국以下小國에서는 하下가 '떨어뜨릴 하' 곧 '함락시키다, 항복 받다'는 뜻이며 소국小國을 목적어로 취한다.

그러나 여기 이하대국以下大國의 하下는 '낮출 하'다. '대국大國'은 '나라를 크게 하다'는 뜻이다. 나라를 크게 한다는 말은 국력을 기른다는 말일 것이다.

그러므로 이 글귀는 "작은 나라는 (큰 나라에 대해 자신을) 낮춤으로써 (경계심을 약하게 하고 남몰래) 나라를 키워 (국력을 길러) 큰 나라를 취하다"는 뜻이다.

○ 故或下以取 或下而取

혹或은 '혹이 혹'이다. '어떤 사람이'라는 말인데 여기에서는 '어떤 나라'를 가리킨다. 하이취下以取는 본디 취이하取以下다. 하下를 강조하려고 앞으로 끌어내면서 이以와 하下가 자리를 바꾼 것이다. 이때 하下는 '낮출 하'이니 '낮춤으로써 취하다'는 뜻이다. 작은 나라가 큰 나라를 무너뜨려 취하는 수다.

하이취下而取에서 하下는 '떨어뜨리다' 곧 '함락시키다, 항복 받다'는 동사다. 이而는 동사 사이에서 순접을 나타내는 접속사다. 그러므로 하이취下而取는 '함락시켜 취하다', 곧 큰 나라가 작은 나라를 군사력으로 공격하여 취하는 수다.

○ 大國不過欲兼畜人

그러나 나라를 크게 하려고 무력으로 다른 나라를 공격하는 일이 옳은 일은 아니다. 나라를 키운다는 것도 따지고 보면 영토를 넓히고 많은 백성을 거느리는 것에 지나지 않는다. 그런데도 굳이 수많은 목숨을 죽고 상하게 하면서 전쟁을 벌이는 일이 옳은 일이겠는가.

대국大國은 '큰 나라'가 아니라 '나라를 크게 한다'는 말이다. 불과不過는 '~에 지나지 않다'는 뜻이다. 겸축인兼畜人은 사람을 아울러 쌓는다는 말이니 인구를 늘린다는 것이다. 인구가 많고 면적이 넓은 나라가 강대국이다. 더구나 이천여 년 전 옛날 일이니 말할 나위도 없다.

따라서 이 글귀는 "나라를 크게 한다는 것은 인구 늘리기를 바라는 것에 지나지 않는다"는 말이다.

○ 小國不過欲入事人

입사인入事人은 무슨 뜻일까? 이경숙은 입사入事를 한 낱말로 쳐서

'대국에 입사入事하여 봉공奉公하다[21])'로 보고 있지만, 입사入事라는 말은 없다. 조공을 바치는 작은 나라의 임금이 신하된 도리로 대국의 조회朝會에 들어가는 것을 입조入朝라고 하는데 아마도 이와 같은 말이라고 생각한 것 같다.

이 글귀는 '입入 + 사인事人'으로 된 얼개다. 입入은 '들 입'인데 '조정朝廷에서 벼슬하다'는 뜻이다. 말하자면 작은 나라의 임금이 큰 나라의 신하되기를 자청하고 나서는 것이다. 그리하면 큰 나라에서는 작은 나라의 임금에게 작위를 주어 제후로 삼거나 벼슬을 내리는데 그것이 바로 입入이다. 그리고 이렇게 되면 작은 나라는 큰 나라의 보호 아래 들어가 국가의 생존을 유지하고 백성을 부릴[事人] 수 있는 권력을 보장받게 된다. 이때 사事는 '부릴 사'다.

○ 夫兩者各得其所欲

이렇게 큰 나라와 작은 나라는 바라는 바가 서로 다르다. 큰 나라는 영토를 넓히고 백성 수를 늘리기를 바란다. 그래서 전쟁을 벌여 작은 나라를 공격하고 항복을 받아낸다. 죽어나가는 것은 군사들이요 백성들이다. 작은 나라는 생존이 문제다. 생존하기 위해 큰 나라에 입조入朝하여 벼슬을 받거나 제후로 봉작된다. 굴욕이다.

그러다가 큰 꿈을 품은 임금이 나오게 되면 사정이 달라진다. 굴욕을 견디면서 국력을 키워 큰 나라를 무너뜨려 차지하려 한다. 이 또한 군사와 백성들이 죽어 나가는 일이다. 이 모든 것이 다른 나라보다 윗자리에 앉아 호령하고 위세를 떨치려는 마음 때문이다.

그런데 반드시 피 흘려 싸우고 남을 굴복시켜 그 위에 군림해야만 바라는 바를 얻을 수 있는 것일까? 큰 나라가 위에 서지 않고 겸손하게 몸을 낮춰 작은 나라의 아래로 들어간다면 어떻게 될까? 큰 나라라

---

21) 이경숙, 《완역 이경숙 도덕경, 덕경》, 235쪽.

고 해서 작은 나라를 무력으로 쳐서 항복받을 일이 없어질 것이다. 애꿎은 백성들이 피 흘릴 일이 없을 것이니 백성들을 중히 여기고 본성을 지키는 길이다. 작은 나라는 굴욕을 당하지 않으니 원한에 사무쳐 복수할 일이 없게 된다. 큰 나라라고 하여 교만하거나 위세를 부리지 않으니 큰 나라를 마음으로 따르고 높이게 될 것이다. 그런가 하면 작은 나라가 몸을 낮춰 큰 나라의 아래로 들어가면 큰 나라의 보호를 받고 백성들의 본성을 지킬 수 있다. 평화롭게 함께 사는 세상은 이와 같이 자신을 낮춤으로써 이룰 수 있는 것이다.

그러므로 크고 작은 나라들이 제가끔 바라는 바를 얻으려면〔夫兩者各得其所欲〕 마땅히 자신을 낮춰야 한다. 나라와 백성을 소중히 여긴다면 더욱 그러하다.

○ 大者宜爲下

대大는 '크게 여길 대'이며 자者는 가정이나 조건을 나타내는 어기조사이니 대자大者는 '큰 것'이 아니라 '크게(중히) 여긴다면'이라는 뜻이다. 무엇을 크게 여기는가? 바로 백성들의 목숨, 바로 본성이다. 의宜는 '마땅히 의'다. 따라서 이 글귀는 "(백성들의 본성을) 크게 여긴다면 마땅히 아래가 되어야 한다"는 말이다. 그리하면 두 나라 모두 바라는 바를 얻을 수 있다.

제62장 도道를 구하여 얻으면 재앙도 면하리라

도道라 것은 만물이 심원深遠에 이름이라. 좋게는 사람을 보배로 여기는 것이요,

도 자 만 물 지 오 선 인 지 보
道者萬物之奧 善 人之寶

좋지 않게는 어떤 이를 (거짓) 보증서는 바라.

불 선 인 지 소 보
不善 人之所保

미언美言은 사고팔 수 있으며,

미 언 가 이 시
美言可以市

존귀한 행동도 인품에 더해질 수 있느니라.

존 행 가 이 가 어 인
尊行可以加於人

사람이 불선不善하니 어찌 이러한 위爲를 버리겠는가.

인 지 불 선 하 기 지 유
人之不善 何棄之有

그러므로 천자天子를 세우고 삼공三公을 두며

고 립 천 자 치 삼 공
故 立天子 置三公

비록 공벽拱璧을 사마駟馬의 앞에 세울지라도,

수 유 공 벽 이 선 사 마
雖有拱璧以先駟馬

(제자리에) 앉아서 이 도道를 힘쓰는 것만 같지 못하도다.

불 여 좌 진 차 도
不如坐進此道

도를 귀히 여기고 이를 따르는 오래된 까닭은 무엇인고?

고 지 소 이 귀 차 도 자 하
古之所以貴此道者 何

구하면 곧 얻으며 (따르면) 재앙이 닥쳐도 곧 면한다고 말하지 않았는가.

불 왈 구 이 득 유 죄 이 면 야
不曰求以得有罪以免耶

하늘 이법을 배워 겸손하라, 그리고 귀히 여기라.

고 위 천 하 귀
故爲天下貴

○ 道者萬物之奧

이 글귀를 흔히 '도道는 만물의 근원'이라고 옮기곤 한다. 그러나 오奧에 '근원'이라는 뜻은 없다. 오奧는 '그윽할 오'다. 심원深遠하다는 뜻이다. 지之는 '이를 지'다.

그러므로 이 글귀는 "도道라고 하는 것은 만물이 심원深遠에 이른 것이다"라는 뜻이다. 만물의 상象이 있는 심원한 곳, 만물이 비롯된 뿌리이고 만물이 돌아가는 귀착지가 바로 도道다.

○ 善 人之寶 不善 人之所保

이 글귀를 선인지보善人之寶라고 읽어 '(도道는) 착한 이의 보배'라고 하고, 불선인지소보不善人之所保는 '착하지 않은 이가 지킬 바'라고 옮기면 그럴듯하다.

그런데 도道라고 하는 것이 인간의 선악과 무슨 상관이 있단 말인가? 게다가 이런 식으로 풀이하면 뒤에 나오는 미언美言, 존행尊行과 도무지 뜻이 이어지지 않는다.

선善은 '착할 선'이 아니라 '좋을 선'이다. '좋게는, 좋은 것은'이라고 옮긴다. 인지보人之寶는 도치된 글월이다. 보寶(보배로 여기다)의 목적어인 인人을 앞으로 끌어내면서 그것이 목적어임을 알려 주는 구조조사 지之가 붙은 것이다. 그러므로 선善 인지보人之寶는 본디 선善 보인寶人이었으니, 곧 '(도道라고 하는 것이) 좋게는 사람을 보배로 여김이다'란 뜻이다. 보배로 여김이란 귀하게 여긴다는 말이다. 사람을 귀하게 여기니 그 본성을 해치지 않음을 최고 가치로 여기는 것이 바로 도道라는 것이다.

불선不善은 '좋지 않게는'이라는 말이다. 사실 도道라고 하는 것이 선악善惡과는 아무런 상관이 없는데도 사람들은 도道에 기대거나 도道를 내세워 제가 선하다고 주장하거나 제 행동을 합리화한다. 좋지 않은 일이다.

　인지소보人之所保는 본디 소보인所保人이었던 글귀가 도치된 것이다. 보保의 목적어인 인人이 앞으로 나가면서 그것이 목적어임을 알려주는 구조조사 지之가 붙은 것이다. 보保는 '보 설 보'다. 보증을 서는 것을 말한다. 이 때 인人은 '어떤 사람'을 가리키는 불특정 지시어다.

　　그러므로 이 글귀는 '(도道라고 하는 것이) 좋지 않게는 어떤 사람을 보증서는 바'라는 뜻이다. 어떤 사람의 됨됨이가 착하고 믿을 만하다고 보증을 선다는 말이다. 어떤 사람이 실제로는 그렇지 않은데도 도道를 따르는 사람인 것처럼 아름다운 말[美言]과 존경할 만한 행동[尊行]을 꾸미고 지어내어 제 선함을 증명하는 도구로 이용한다는 말이다.

○ 美言可以市

　미언美言은 잘 지은 시나 글귀를 가리키는데 여기서는 아름다운 말, 아름답게 지어내는 말이라고 옮길 수 있다. 가이可以는 '~할 수 있다'는 조동사다. 시市는 '팔 시, 살 시'로 새겨야 한다. 그러므로 이 글귀는 "아름답게 지어낸 말은 사고팔 수 있다"로 옮기면 된다. 듣기 좋게 지어내고 꾸며낸 말로 어떤 사람의 됨됨이를 가리고 위장할 수 있는데, 그것을 사고파는 것은 바로 늙으신 선생님께서 멀리 하라고 한 위僞인 것은 말할 나위도 없다.

○ 尊行可以加於人

　존행尊行은 우러러볼 만한 존귀한 행동이다. 가加는 '더하여질 가'다. 인人은 '사람 인'이지만 여기에서는 '인품'을 가리킨다.

　따라서 이 글귀는 "존귀한 행동이 인품에 더해질 수 있다"가 된다. 존귀한 행동을 하여 인품을 더 높일 수 있다는 말이다. 그러나 그 존귀한 행동[尊行]도 꾸미고 지어낸 것이며 이렇게 하여 높은 인품을 지 닌 것처럼 꾸미는 일 또한 위爲이다.

○ 人之不善 何棄之有

인지불선人之不善은 '사람이 불선不善하다'로 옮겨야 한다. 지之는 주 술구조 글월에서 주어와 술어 사이에 들어가, 글월이 독립성을 잃고 구나 절이 되게 하는 구조조사다.

하기지유何棄之有는 의문문에서 유有의 목적어인 기棄가 도치되면서, 그것이 목적어임을 알려 주는 구조조사 지之가 붙은 것이다. 따라서 본 디꼴은 하유기何有棄이다. '어찌 버림이 있겠는가'이니 버릴 수 없다는 말이며, 버리지 못하고 지니고 있는 것은 바로 미언美言과 존행尊行이다. 자신의 본디 됨됨이를 가리고 아름답게 꾸며서 내보이는 것, 곧 위爲인 데 착하지 않은 이가 즐겨 쓰는 도구다.

그러므로 이 글귀는 "사람들이 불선不善하니 미언美言이나 존행尊行 따위를 어찌 버릴 수 있겠느냐"는 뜻이다.

○ 立天子 置三公

립천자立天子는 천자를 세운다는 말이고 삼공三公은 주나라의 가장 높은 벼슬인 태사太師, 태부太傅, 태보太保를 가리킨다. 그러므로 이 글 귀는 천자天子를 세우고 삼공三公을 둔다는 말이며, 나라를 세워 정치 제도가 완비되었다는 말이다.

○ 雖有拱璧以先駟馬

이 글월은 도치된 것이다. 본디 글월은 수유선사마이공벽雖有先駟馬以 拱璧이었는데, 공벽拱璧을 강조하려고 앞으로 끌어내면서 공벽拱璧과 이

以가 자리를 바꾼 것이다.

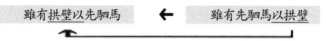

따라서 이 글귀는 "비록 공벽拱璧으로써 사마駟馬에 앞세움이 있을지라도"라는 뜻이다. 조금 더 매끄럽게 고친다면 "비록 공벽拱璧을 사마駟馬에 앞세운다 하더라도"가 될 것이다.

공벽拱璧은 공벽拱璧이라고도 쓴다. 임금의 명령을 전달한다는 증표, 또는 신하들이 임금에게 아뢸 때 손에 쥐는 증표나 신물을 가리킨다. 사마駟馬는 수레를 끄는 말 네 필이다. 그러므로 이 글귀는 관리가 수레에 타고 증표를 앞세워 임금의 명령을 집행하러 가는 광경을 나타낸 것이니, 임금의 신임을 받는 높은 벼슬자리에 올랐다는 뜻이다.

○ 不如坐進此道

이렇게 화려하고 엄정한 정치제도를 갖추고, 천자의 명령임을 나타내는 증표인 큰 구슬을 앞세운 수레를 몰고 나가는 높은 벼슬자리에 오른다고 해도 그것은 모두 위爲일 뿐이다. 따라서 벼슬자리에 나가지 않고 본디 있던 자리를 지키고 앉아서 도道를 궁구하는 데 힘쓰는 것만 못하다. 이때 진進을 '나아가게 하다'로 옮기는 이들이 많은데 그런 뜻은 없다. 더구나 도道라고 하는 것이 앞으로 나갈 수 있는 것도 아니고, 사람이 나아가게 할 수 있는 것도 아니다. 따라서 진進은 '힘쓸 진'으로 새겨야 한다.

○ 古之所以貴此道者 何

이경숙은 고지古之를 '옛날부터'라고 했지만, 그런 뜻이라면 '자고自古'

라고 썼을 것이다.

지之는 명사 뒤에 붙어서 앞의 명사를 관형어로 만들어 주는 구조조사다. 고古는 '예 고'이니 고지古之는 '오랜, 오래 된'이라는 뜻이다. 소이所以는 '~하는 까닭'이라는 뜻이다. 그러므로 소이귀차도자所以貴此道者는 '귀차도자貴此道者하는 까닭'이라는 뜻이다.

귀차도자貴此道者를 '이 도道라고 하는 것을 귀히 여기다'로 옮기지만 틀렸다.

여기에서 자者는 '이 자'다. 차此와 뜻이 같다. 따라서 도道는 자者를 목적어로 취하는 타동사로 '말미암을 도'다. '좇다, 따르다'는 뜻이다. 그렇다면 귀차도자貴此道者는 '이를 귀하게 여기고 이를 따르다'는 말이 될 것이다. 이것, 곧 차此와 자者는 도道를 가리키는 말이다.

그러므로 이 글귀는 "도를 귀히 여기고 도를 따르는 오래된 까닭은 무엇인가"라고 옮겨야 한다.

○ 不曰求以得有罪以免耶

야耶는 의문종결사로서 앞에 있는 부정사 불不과 이어져서 반어문을 만든다. '~하지 않은가(않겠는가, 않았는가)'로 옮길 수 있다. 그러므로 이 글귀는 "구이득求以得 유죄이면有罪以免 한다고 말하지 않았는가"라는 뜻이다.

구이득求以得은 득이구得以求가 도치된 글월이다. 구求를 강조하려고 앞으로 끌어내면서 이以와 구求가 자리를 바꾼 것이다. 그러므로 이 글귀는 '구함으로써 얻다'는 뜻이 되는데, 이런 때는 '구하면 곧 얻다'와 같이 '~하면(해도) 곧'으로 풀이하면 자연스럽다.

유죄이면有罪以免의 이以도 구이득求以得과 마찬가지로 '~하면(해도) 곧'이라고 보아야 하는데 그렇다면 이 글귀는 '죄가 있어도 곧 면하다'는 뜻이 된다. 그러나 이렇게 옮기는 것은 예수를 믿기만 하면 모든 죄를 용서받고 구원받는다는 개신교 일부 목사들의 황당한 주장과 다를 바가 없다. 이렇게 된 것은 죄罪라는 글자가 '범죄'를 가리킨다고 보았기 때문이다. 그러나 죄罪는 '재앙, 화'를 뜻하기도 한다. 그러므로 이 글귀는 '재앙(화)이 닥쳐도 곧 면하다'로 옮겨야 한다.

도를 따른다는 것은 무위無爲한다는 것이고, 무위한다는 것은 '함이 없음'이 아니라 '체'하지 않고 '순리를 따르는 것'이라고 했다. 역병이 돌고 있는데 마늘을 코에 꽂는다든지 부적을 지닌다든지 굿을 한다든지 해서야 어찌 역병을 이겨낼 수 있겠는가? 마음은 이해할 수 있지만 그것이 순리는 아니다. 이성과 하늘의 이법에 따라 이겨낼 수를 찾으면 재앙을 반드시 이겨낼 수 있다는 뜻이다.

○ 故爲天下貴

이 글귀는 명령문이다. 위爲는 '배울 위'다. 천天은 '하늘 천'인데 여기에서는 '하늘 이법'을 가리킨다. 따라서 위천爲天은 '하늘 이법을 배우라'는 말이다. 하下는 '낮출 하'다. 겸손하다는 말이니 하늘 이법을 따라 몸을 낮추라는 말이다. 귀貴는 '귀히 여길 귀'다. 따라서 이 글귀는 '하늘 이법을 배워 겸손하라. 그리고 귀히 여기라'는 말이다. 귀히 여길 것은 마땅히 하늘 이법, 곧 도道다. 구하면 곧 얻을 수 있으며 그것을 얻으면 재앙도 면할 수 있으니 귀히 여김이 참으로 마땅하다.

제63장 쉽다 하여 소홀히 여기면 반드시 어려움이 닥치리라

무위無爲를 행하고 무사無事를 일삼으며 무미無味를 맛볼지니라.

위 무위 사 무사 미 무미
爲無爲 事無事 味無味

작은 것을 크게 여기고 적은 것을 아름답게 여기며, 덕德으로써 원수를 갚을지니라.

대 소 다 소 보 원 이 덕
大小多少 報怨以德

소홀히 함으로부터 어려워짐을 헤아리고, 작은 일로부터 크게 됨을 생각하라.

도 난 어 기 이 위 대 어 기 세
圖難於其易 爲大於其細

어려운 일은 반드시 소홀히 하기에 일어나고,

천 하 난 사 필 작 어 이
天下難事 必作於易

큰일은 반드시 작은 일에서 일어나느니라.

천 하 대 사 필 작 어 세
天下大事 必作於細

이로써 성인은 끝내 큰일을 (먼저 하려고) 생각하지 않는 고로 그 큰일을 이룰 수 있느니라.

시 이 성 인 종 불 위 대 고 능 성 기 대
是以聖人終不爲大 故能成其大

무릇 승낙한 것을 가벼이 여기면 반드시 믿음이 적을 것이요, 소홀히 여김이 많으면 반드시 근심이 많으리라.

부 경 낙 필 과 신 다 이 필 다 난
夫輕諾必寡信 多易必多難

이로써 성인은 작고 쉬운 것을 오히려 어렵게 여기나니, 그러므로 끝내 어려움이 없으리라.

시 이 성 인 유 난 지 고 종 무 난 의
是以聖人猶難之 故終無難矣

○ 爲無爲 事無事 味無味

위무위爲無爲는 무위無爲를 행한다는 뜻이다. 무위無爲는 '함이 없음'이 아니라 위爲가 없다는 뜻이다. 꾸미고 지어내서 억지로 하지 않는 것이라고 여러 차례 말했다. 하늘 이법을 따르는 일, 곧 순리順理다.

사무사事無事에서 앞의 사事는 '일삼을 사'다. 그러므로 사무사事無事는 무사無事에 종사한다는 뜻이다. 무사無事 또한 순리를 거슬러 일을 만들지 않는다는 것이다.

미무미味無味에서 앞의 미味는 '맛보다'는 동사이고 뒤의 미味는 '맛'이라는 명사다. '맛이 없음'을 맛본다는 뜻이다. 맛이 없음은 양념을 넣지 않았음을 뜻한다. 양념을 넣어 본디 맛을 가리고 다른 맛이 나는 것처럼 꾸미지 않으니, 이 또한 무위無爲하는 것이다. 제35장에서 도道를 내왔는데〔道之出〕 말하기를 싱겁(맛이 없)다고 하더라〔口淡乎〕고 했던 것과 같다.

○ 大小多少

이경숙은 대소다소大小多少를 '큰 것을 작게 하고 많은 것을 적게 하며'라고 옮겼는데[22] 틀린 풀이다. 그의 풀이대로 한다면 글월이 소대소다小大少多가 되어야 한다. 목적어는 타동사의 뒤에 와야 하기 때문이다. 더구나 소小와 소少에 '작게 하다'나 '적게 하다'는 뜻은 없다.

대大는 '크게 여길 대', 다多는 '아름답게 여길 다'로 새겨야 한다. 그러므로 대소다소大小多少는 "작은 것을 크게 여기고(중히 생각하고) 적은 것을 아름답게 여기다"는 뜻이다. 이렇게 되어야 굽고 파이고 모자란 것이 온전하다는 노자의 생각에 맞을 뿐만 아니라, 다음 글월 도난어기이圖難於其易 위대어기세爲大於其細와도 뜻이 통하게 된다.

---

22) 이경숙,《완역 이경숙 도덕경, 덕경》, 247쪽.

○ 報怨以德

"덕으로써 원수를 갚으라"는 말이다. 원수를 원수로 갚게 되면 보복이 끝없이 이어지게 된다. 그 악순환을 끊는 길은 원수진 이에게 덕德을 베푸는 것이다.

이때 베푸는 덕德은 은덕恩德일 수도 있겠으나 노자의 뜻에 비추어 본다면 무위無爲하는 덕일 것이다. 원수를 갚으려고도 하지 않고 은덕을 베풀어 감동시키려고도 하지 않는다. 오로지 무위無爲를 행하고 무사無事를 일삼으니, 순리에 따라 모든 일이 되어가고 마침내 제자리로 돌아가게 될 것이다.

○ 圖難於其易

도圖는 '헤아릴 도'다. 동사가 첫머리에 나오니 이 글귀는 명령문이다. 난難은 '어려워하다'는 타동사다. 어於는 타동사 뒤, 목적어 앞에 붙어서 피동을 나타낸다. 그러므로 이 글귀는 "이易로부터 어려움을 당하게 됨을 헤아리라"는 뜻이다.

이易를 흔히 하듯이 '쉬울 이'로 새기면 쉬운 일로부터 어려운 일이 벌어진다는 말이 된다. 그러나 쉬운 일에서 어려운 일이 벌어지는 것은 아니다. 쉽다고 소홀히 하기 때문에 어려운 일이 생기는 것이다. 마침 이易에는 '소홀히 여기다, 소홀히 하다'는 뜻도 있다. 따라서 이 글귀는 "쉽다고 해서 소홀히 하는(여기는) 것으로부터 어려움을 당하게 됨을 헤아리라"로 옮겨야 한다.

○ 爲大於其細

위爲는 '생각할 위'다. 대大는 '크게 히다'는 타동사나. 어於가 타농사 뒤에 있으므로 이 또한 피동을 나타낸다. 그러므로 위대어기세爲大於其

細는 "작은 것으로부터 크게 됨을 생각하라"는 뜻이다.

○ 天下難事 必作於易 天下大事 必作於細

세상에 어려운 일이라도 반드시 쉬운 일로부터 일어나고〔天下難事 必作於易〕 아무리 큰일이라도 작은 일에서 일어나는 법이다〔天下大事 必作於細〕. 작다고 하여 소홀히 하면 반드시 어려움을 당하게 된다. 그래서 작고 쉬운 일을 소홀히 하지 말고 무겁고 크게 보아야 하는 것이다.

○ 是以聖人終不爲大 故能成其大

잘난 척하기 좋아하는 사람들은 크고 어려운 일을 먼저 하겠다고 나선다. 그러면서 작고 쉬운 일은 소홀히 한다. 그러나 천릿길도 한 걸음을 내딛는 데서 시작되는 것이고, 작고 쉬운 일을 소홀히 하면 반드시 어려움을 당하게 되는 법이다. 땅을 다지지 않고 집을 지을 수는 없으며 일 층을 짓지 않고 옥상을 만들 수는 없는 법이다. 그러므로 성인은 대단한 일을 하겠다고 나서지 않는다.

종終은 '마침내 종', 위爲는 '생각할 위'이니 종불위대終不爲大는 '끝내 큼을 생각하지 않는다'는 말이다. 큰일을 앞세우기보다는 작고 쉬운 일을 소홀히 하지 않고 제대로 해내니 마침내 크고 어려운 일도 이루어낼 수 있다〔能成其大〕.

○ 夫輕諾必寡信

경낙輕諾을 흔히 '가벼운 승낙'이나 '가벼이 승낙함'으로 옮기지만 옳지 않다. 기꺼이 승낙한다고 해서 믿음이 적다〔寡信〕고 할 수는 없기 때문이다.

여기에서 경輕은 '가벼이 여길 경'이다. 가볍게, 쉽사리, 기꺼이 승낙

했다고 해서 믿을 수 없는 것이 아니라, 승낙하고 약속한 일을 가벼이 여기고 그것을 지키는 데 소홀하니 믿을 수 없는 것이다. 따라서 "무 릇 승낙한 것을 가벼이 여기면 반드시 믿음이 적다"가 옳은 풀이다.

○ 多易必多難

흔히 '쉬운 것이 많으면 어려움이 많아진다'고 옮기지만 쉬운 것이 많다고 해서 어려운 일이 많아지지는 않을 것이다. 작고 쉬운 일이라고 해서 소홀히 하기 때문에 어려움을 당하고 근심이 오는 것이다.

이易는 '소홀하게 여길 이'다. 난難은 '근심 난'이다. 따라서 이 글귀 는 "(쉽다고 해서) 소홀히 여김이 많으면 반드시 근심이 많다"고 옮겨 야 한다.

○ 是以聖人猶難之 故終無難矣

그러므로 성인은 여느 사람들이 쉽고 작다고 생각하는 일을 어렵게 여긴다. 쉬운 일, 작은 일에서 크고 어려운 일이 비롯되는 법이니 쉽고 작다고 해서 소홀히 한다면 어려운 지경에 빠지게 된다. 성인은 쉽고 작은 일이라 할지라도 오히려 어렵고 큰일로 여기기 때문에〔是以聖人猶 難之〕끝내 어려움을 당하지 않는 것이다〔故終無難矣〕.

제64장 첫마음 그대로 할 것이며 늘 무위無爲하라

싸다고 하여 어찌 지니기를 소홀히 하겠느냐. 많지 않다고 하여 어찌 꾀하기를 소홀히 하겠느냐.

기 안 이 지　기 미 조 이 모
其安易持　其未兆易謀

무르다고 하여 어찌 녹음을 소홀히 여기겠느냐. 작고 천하다 하여 어찌 내치기를 소홀히 여기겠느냐.

기 취 이 반　기 미 이 산
其脆易泮　其微易散

만들어냄은 아직 없는 것으로부터 이르고, 다스림은 아직 다스리지 않음으로부터 이르느니라.

위 지 어 미 유　치 지 어 미 란
爲之於未有　治之於未亂

아름드리 큰 나무도 터럭 끝(과도 같은 작은 씨앗)에서 자라나고,

합 포 지 목　생 어 호 말
合抱之木　生於毫末

9층 누대도 흙을 쌓음부터 지으며,

구 층 지 대　기 어 누 토
九層之臺　起於累土

천리를 가는 것도 발밑부터 시작하느니라.

천 리 지 행　시 어 족 하
千里之行　始於足下

위爲한다면 그것을 무너뜨리게 될 것이요, 꼭 쥐고 놓지 않으려고 한다면 잃게 되리라.

위 자 패 지　집 자 실 지
爲者敗之　執者失之

그러므로 성인은 무위無爲하는 고로 무너뜨림이 없고,

시 이 성 인 무 위 고 무 패
是以聖人無爲故無敗

집착이 없으므로 잃는 것도 없도다. 뭇사람들은 (기초와 과정을 무시하고) 서두르니

무 집 고 무 실　민 지 종
無執故無失　民之從

일은 늘 위태로움에 처하고, 이룬다 하여도 그것을 무너뜨리고 마느니라.

사 상 어 기　성 이 패 지
事常於幾　成而敗之

삼가 처음과 같이 하여 마치라. 그리하면 일을 무너뜨림이 없으리로다.

신 종 여 시 즉 무 패 사
愼終如始 則無敗事

그러므로 성인은 하고자 하면서도 (위爲와 집執을) 하고자 하지 않느니라.

시 이 성 인 욕 불 욕
是以聖人欲不欲

귀히 여기지 말라. 탐내는 것이 (겨우) 재물이냐고 나무라라.

불 귀 난 득 지 화
不貴 難得之貨

배우라. 배우지 않는다면 뭇사람들이 잘못한 바를 되풀이하게 되리라.

학 불 학 복 중 인 지 소 과
學 不學 復衆人之所過

이렇게 여러 학파를 거들어 하늘 이법(저절로 그러함)에 이를 뿐, 감히 위爲하지 말지니라.

이 보 만 물 지 자 연 이 불 감 위
以輔萬物 之自然而不敢爲

○ 其安易持

이 글귀뿐만 아니라 그 뒤에도 잇달아 나오는 기其는 '그, 그것'이라는 인칭대사가 아니라 '어찌, 어떻게'라는 의문대사이다. 싸고[安], 적고[未兆], 무르고[脆], 작고 천하지만[微], 어찌 그것을 얕잡아 볼 수 있겠느냐는 말이다. 위대하고 고귀하게 되는 뿌리 또는 시발점이 되기 때문이다. 안安은 '값쌀 안'이다. 이易는 '홀하게 여길 이', 또는 '소홀히 할 이'다. 지持는 '지니다'는 동사인데 명사로 전성되어 이易의 목적어로 쓰인 것이다.

따라서 기안이지其安易持는 "어찌 값이 싸다고 하여 지니기를 소홀히 여기랴"는 말이다. 값싼 것이라 할지라도 나름대로 쓸모가 있는 법이니 소홀히 지닐 수는 없는 일이다.

○ 其未兆易謀

조兆는 십진급수十進級數에서 억億의 만 배인데 '수數가 많다'는 뜻으로 쓰기도 한다. 그래서 미조未兆는 '수가 많지 않다'는 뜻이다.

따라서 이 글귀는 "어찌 수가 많지 않다고 하여 꾀하기를 소홀히 여기랴"는 말이다. 많지 않다고 하더라도 분명히 도움이 될 것이니, 꾀하기를 소홀히 할 수는 없는 것이다.

○ 其脆易泮

취脆는 '무를 취, 연할 취'다. 반泮은 '녹을 반'이다. 따라서 이 글귀는 "어찌 무르다고 하여 녹음을 소홀히 하랴(여기랴)"가 된다. 무른 것은 쉽게 녹는다. 무른 것이 녹았으니 별일 아니라고 할 것이 아니라, 무르기 때문에 녹지 않도록 잘 챙기고 보살펴야 한다는 말이다. 무르다고는 해도 아예 녹아버린다면 아무런 쓸모가 없기 때문이다.

○ 其微易散

미微는 '작을 미, 천할 미'다. 그러므로 이 글귀는 "어찌 작다고(천하다고) 하여 내침을 소홀히 여기랴"는 말이다. 작고 천한 것일지라도 쉽사리 내쫓거나 내다 버릴 수는 없다는 것이다. 작고 천하다 할지라도 반드시 쓸모가 있을 것이다.

○ 爲之於未有

위爲는 '만들 위, 지을 위'인데 여기에서는 '만듦, 지음'이라는 명사로 전성된 것이다. 지之는 '이를 지'다. 어於는 시발, 근원, 근거를 나타내는 전치사다.

따라서 이 글귀는 "만듦(지음)은 있지 않음(없음)으로부터 이른다"는 말이다. 없음으로부터, 또는 없기 때문에 짓고 만들어 이루어지게 된다는 말이니, 없다고 하여 작고 천하게 보지 말라는 뜻이다.

○ 治之於未亂

란亂은 '다스릴 란'이다. 따라서 이 글귀의 뜻은 "다스림은 아직 다스리지 않음으로부터 이른다"이다. 곧 다스림이 없기 때문에 다스림이 이르게 된다는 것이니 이 또한 없는 것으로부터 일이 시작된다는 말이다.

○ 合抱之木 生於毫末

합포合抱는 '한 아름'이란 뜻이니 합포지목合抱之木은 아름드리 큰 나무다. 호말毫末은 '터럭 끝'이란 뜻이니 아주 작거나 적음을 가리킨다. 그러므로 이 글귀는 "아름드리 큰 나무도 터럭 같이 작은 싹에서 자라난다"는 뜻이다. 생生은 '자랄 생'이다.

126

○ 九層之臺 起於累土

구층지대九層之臺는 구층 높이로 쌓은 누대를 말한다. 구층 누대가 아무리 화려하고 웅장해도 구층부터 지을 수는 없는 일이다. 기초를 다지고 흙을 쌓는 일, 곧 누토累土부터 시작하는 것이다[起於累土]. 이때 기起는 '일으킬 기'이며 '건축하다, 짓다'는 뜻이다.

○ 千里之行 始於足下

천릿길을 가는 것[千里之行]도 마찬가지다. 아무리 갈 길이 멀고 마음이 급해도 순간 이동을 할 수는 없는 일이다. 발걸음을 내딛는 것부터 시작된다. 그러나 족하足下가 '발을 내딛다'는 뜻은 아니다. 하下에 '딛다'는 뜻은 없으며 그런 뜻이 있다 해도 '발을 딛다'는 뜻이 되려면 하족下足이라고 써야 한다. 족하足下는 '발밑' 또는 '아주 가까운 데'를 가리킨다. 그러므로 시어족하始於足下는 '발을 내딛는 데서 시작한다'가 아니라 '발 아래', 곧 '서 있는 데서 시작한다'고 옮겨야 한다.

작은 것에서 큰 일이 시작되고 차근차근 순리를 따라 큰 일이 이루어지는 것이지, 일의 결과를 빨리 보고 싶다고 해서 끝부터 일을 해 나갈 수는 없다. 커다란 것은 반드시 작은 시작이 있고, 거기에서 크고 위대한 것이 이루어지는 법이다. 작다고 하여 건너뛴다면 마침내 무너지고 말 것이니, 어찌 작은 것을 소홀히 여기겠는가?

○ 爲者敗之 執者失之

자者는 조건을 나타내는 조사다. 패敗는 '무너뜨릴 패'다. 그러므로 위자패지爲者敗之는 '위爲한다면 (위爲하려 하는) 그것을 무너뜨리게 될 것이다'는 뜻이다. 위爲는 두말할 것도 없이 꾸미고 시어내어 순리를 거스르고 억지로 하는 일이다.

집執은 '잡을 집'인데 '꼭 쥐고 놓지 않는다'는 뜻이다. 그러므로 집자실지執者失之는 '꼭 쥔 채 놓지 않는다면 (쥐고 있는 그것을) 잃을 것'이라는 뜻이다. 순리로 본다면 놓아야 하는데 거기에 집착하고 놓지 못한다면 그것을 잃을 뿐만 아니라 몸조차 망치게 될 것이다. 본성을 해치는 것이다.

시작이 작다고 하여 귀하게 여기지 않는 사람, 과정은 팽개치고 결과만 얻으려는 사람, 돈과 명예에 집착하고 그것을 더하려 하는 사람들이 있다. 이 또한 위爲다. 성과를 내고 재산을 불리고 명예를 드높인다 하여도 위爲를 더하여 얻은 것이라면 무너지게 마련이며 잃어버리기 쉽다. 시작할 때부터 순리에 따라 일을 해 나가야 아름다운 결과를 얻을 수 있는 법이다.

○ 是以 聖人無爲故無敗 無執故無失

그러므로[是以] 성인은 위爲함이 없다[聖人無爲]. 억지로 지어내고 꾸며내는 일이 없고 오로지 순리를 따르니 무너지지도 않는다[無敗]. 붙들고 집착하지 않으니[無執] 잃는 것도 없다[無失].

○ 民之從

민民은 뭇사람이란 뜻이다. 지之는 주술구조의 독립성을 약화시키고 절이나 구를 만들어 주는 구실을 하는데, 우리말 주격조사 '이/가, 은/는'으로 옮기면 큰 문제가 없다. 종從은 '서두를 종'이다. 종縱과 같다. 따라서 이 글귀는 뭇사람들이 (시작을 소홀히 여기고) 서두른다는 뜻이다.

○ 事常於幾

기幾는 '위태할 기'다. 어於는 '있을 어'다. '처하다'는 뜻이다. 따라서

128

사상어기事常於幾는 "일은 늘 위태함에 처하다"가 된다. 뭇사람들이 작은 시작을 소홀히 하고, 순리를 거슬러 서두르니 마침내 일이 위태로움에 빠지게 된다. 바탕이 튼튼하지 못하기 때문이다.

○ 成而敗之

그래서 일을 이룬다 하여도 그것을 무너뜨리게 된다. 이때 패敗는 '무너뜨릴 패', 지之는 '이미 이룬 것(成)'을 가리키는 인칭대사이며 이而는 역접 또는 양보를 나타내는 접속사다.

○ 愼終如始

신愼은 '삼갈 신'이 아니라 '삼가 신', 또는 '진실로 신'이니 이 글귀는 "삼가 종여시終如始하라"는 말이다. 종終은 '마칠 종', 여如는 '같이 할 여'다.

그러므로 이 글귀는 "삼가 처음과 같이 하여 (일을) 마치라"는 뜻이다. 일을 마칠 때까지 변치 않는 마음으로 힘을 다해 하라는 말이다.

○ 則無敗事

그리하면 그 일을 무너뜨림이 없을 것이다(則無敗事). 패敗는 '무너뜨릴 패'다. 처음 일을 시작할 때 먹었던 마음이 흔들리게 되면 끝이 좋을 수 없고 일이 위태로워질 것은 뻔하다. 비록 일을 이룬다 할지라도 바탕과 과정이 튼튼하지 못한다면 마침내 그것을 무너뜨릴 수밖에 없을 것이다.

○ 是以聖人欲不欲

앞에 있는 욕欲은 '하고자 할 욕'이고 뒤에 있는 욕欲은 '바랄 욕'이다. 따라서 이 글귀는 "성인은 하고자 하면서도 바라지 않는다"는 뜻이다. 무얼 바라지 않는 것일까? 위爲와 집執이다. 실패失敗하는 까닭이 바로 위爲와 집執이기 때문이다. 앞서 위자패지爲者敗之 집자실지執者失之라고 했던 것을 생각하면 쉽게 알 수 있을 것이다.

○ 不貴 難得之貨

귀貴는 '귀히 여길 귀'다. 제3장에 나온 바와 같이 '난難은 '나무랄 난', 득得은 '탐할 득'이다.

따라서 이 글귀는 "귀히 여기지 말라. 탐내는 것이 (겨우) 재물이냐고 나무라라"가 된다. 성인은 재화를 바라지 않을 뿐만 아니라 그것을 귀히 여기지도 않기 때문이다.

○ 學 不學復衆人之所過

학學은 '배우라'는 명령문이다. 재화를 탐내지 말라는 성인의 가르침을 배우고 그 말씀을 따르라는 말이다. 그리고 그 가르침을 배우지 않으면[不學] 복중인지소과復衆人之所過하게 된다. 복復은 '되풀이할 복'이다. 중인衆人은 '뭇사람'을 가리키는 말이고 과過는 '잘못할 과'다. 따라서 복중인지소과復衆人之所過는 '뭇사람들이 잘못하는 바를 되풀이한다'는 뜻이다.

이어서 읽으면 "(재물을 귀히 여기지 말라는 성인의 가르침을) 배우라. 배우지 않으면 뭇사람들이 잘못하는 바를 되풀이하리라"가 된다.

○ 以輔萬物

이以는 '이렇게'라고 옮길 수 있는 지시대사다. 보輔는 '도울 보'인데 '거들다'는 말이다. 일을 함께 하면서 돕는 것을 말한다. 그렇다면 이보

만물以輔萬物은 '이렇게 만물을 돕다'는 뜻이다. 물物은 '무리 물'이다. 사람 '무리'라는 말이 아니고 '종류'라는 말이니 만물萬物은 '여러 학파'를 말한다. 춘추전국시대에 일어났던 수많은 학자와 학파, 곧 제자백가諸子百家를 가리키는 것이다. 그러므로 이 글귀는 "수많은 학파를 거들다"는 말이 된다.

이로 보아 노자는 다른 학파와 대립하려 하지는 않았던 것 같다.

○ 之自然而不敢爲

지之는 '이를 지', 이而는 '뿐 이'이므로 지자연이之自然而는 '자연自然에 이를 뿐'이라는 뜻이다. 그러나 노자 당시에 '자연'이라는 말이 오늘날과 같은 뜻(nature)으로 쓰이지는 않았을 것이다. 여기에서 자연自然은 '저절로 그러함'이라는 뜻이다. 위爲를 더하지 않고 하늘 이법에 따라 저절로 그리되었다는 말이다. 불감위不敢爲는 '감히 위爲하지 말라', 곧 꾸미고 '체'하면서 속이지 말라는 뜻이다.

제65장 나라를 다스리는 유일한 법식

옛사람 배우기를 옳게 여기소서. 다스린다고 하는 것은 세상 명리에 밝은 (약삭빠른) 백성들로써 함이 아니옵니다.	고 지 선 위　도 자 비 이 명 민 古之善爲　道者非以明民
청컨대 백성들을 어리석(어 세상 명리를 알지 못하)게 함으로써 하소서.	장 이 우 지 將以愚之
백성은 다스리기 어려우니 아마도 세상 명리를 구하려는 슬기가 뛰어나기 때문이옵니다.	민 지 난 치　이 기 지 다 民之難治　以其智多
그러므로 계략을 써서 나라를 다스리면 나라를 그르칠 것이나,	고 이 지 치 국　국 지 적 故以智治國　國之賊
꾀를 쓰지 않고 나라를 다스린다면 나라가 복에 이르리이다.	불 이 지 치 국　국 지 복 不以智治國　國之福
이 두 가지를 아는 것이 또한 유일한 법식이니,	지 차 량 자 역 계 식 知此兩者亦稽式
늘 계식稽式을 알고 있음을 일러 현덕이라고 하옵니다.	상 지 계 식　시 위 현 덕 常知稽式　是謂玄德
현덕玄德은 깊고도 머옵니다. (저 잘난 척만 하는) 학자 무리가 (제가 잘났다고 서로) 견주다 엎어지리니,	현 덕 심 의 원 의　여 물 반 의 玄德深矣遠矣　與物反矣
그런 뒤에야 다스림이 지극하고 성글며 유순할 것이옵니다.	연 후 내 지 대 순 然後乃至大順

이 장은 누군가 – 아마 어느 제후국의 권력자일 터이다 – 에게 정치의 요체를 밝혀 말하는 장면이다. 흔히 고지선위도자古之善爲道者로 읽지만 고지선위古之善爲에서 끊어 읽어야 한다.

○ 古之善爲

이 글귀는 도치된 것이다. 본디 선위고善爲古였는데 고古를 강조하려고 앞으로 끌어내면서 그것이 목적어임을 알려주는 구조조사 지之가 붙은 것이다.

고古는 '선조 고', 선善은 '옳게 여길 선', 위爲는 '배울 위'이니 이 글귀는 '옛사람 배우기를 옳게 여기라'는 말이다.

○ 道者非以明民

도道는 '다스릴 도'다. 뒤에 나오는 민지난치民之難治에도 '다스릴 치'가 있으므로 같은 글자가 잇달아 나오는 것을 꺼려 같은 뜻을 지닌 다른 글자를 찾아 쓴 듯하다. 이때 자者는 '~라고 하는 것23)'이라고 옮길 수 있는 특수대사다. 따라서 도자道者는 '다스린다는 것', '정치를 한다는 것'이라는 뜻이다. 치자治者와 같다.

비이명민非以明民에서 이以는 '써할 이'다. 명明은 '밝을 명', 곧 사리에 밝다는 것인데 이는 세상 이익, 곧 명예, 재산, 지위, 학식 따위를 얻는 데 뛰어나다는 말이다. 따라서 비이명민非以明民은 '세상 이익에 밝은 백성으로써 함이 아니다'는 말이다.

다스린다는 것[道者], 곧 정치는 세상 이익에 밝고 약삭빠른 이들과 함께 하는 것이 아니다. 위爲에 밝은 백성들이니 그 어떤 현자賢者나

---

23) 앞말의 수식을 받으면서 앞말 전체를 명사구로 만들어준다. '~하는 사람' 또는 '~하는 것'으로 옮길 수 있다.

성인聖人이라 하더라도 도道로써만 다스리기는 어렵기 때문이다.

○ 將以愚之

이 대목에서 이야기를 듣던 권력자가 '그렇다면 정치를 어떻게 해야 한단 말이냐'고 물었을 것이고 이에 노자가 답한 것이 이 글귀다. 장將은 '청컨대 장', 우愚는 '어리석게 할 우', 지之는 백성을 가리키는 인칭대사다.

따라서 이 글귀는 "청컨대 (정치는) 백성들을 어리석게 함으로써 하라"는 뜻이다. 어리석게 한다는 것은 바보로 만들라는 것이 아니라 세상 명리名利에 관심이 없게 만들라는 이야기다.

○ 民之難治 以其智多

민지난치民之難治는 치治의 목적어 민民이 앞으로 나오면서 그것이 목적어임을 알려 주는 구조조사 지之가 붙은 것이다. 그러므로 본디 이 글귀는 난치민難治民이었고 '백성을 다스리기 어렵다'는 뜻이다.

이기지다以其智多에서 이以는 까닭을 나타내는 전치사다. 기其는 추측 부사로 '아마'라는 뜻이다. 이때 지다智多를 흔히 '슬기가 많다, 아는 것이 많다'고 옮기지만 그런 뜻이라면 다지多智라고 썼을 것이다. 다多는 '나을 다', 곧 뛰어나다는 뜻이다. 그러므로 이기지다以其智多는 '아마도 슬기가 뛰어나기 때문'이라는 말이다. 백성을 다스리기 어려운 까닭은 백성들의 슬기가 뛰어나기 때문이라는 것이다. 세상 명리에 밝아 그것을 이루려는 꾀와 슬기가 뛰어나다. 오로지 자신을 위해 순리를 거스르고 거짓을 지어내기에 밝으니 그들을 다스리기는 어렵고 나라는 어지러워질 것이다.

○ 故以智治國 國之賊

이지치국以智治國은 '지혜(꾀)로써 나라를 다스린다'는 말이다. 꾀는 하늘 이법을 따르는 순리順理가 아니라, 지어내고 꾸며내는 것이니 역리逆理다. 마땅히 위爲일 수밖에 없으니 위爲를 써서 나라를 다스린다는 말이겠다.

국지적國之賊은 '나라의 도적'이란 뜻이 아니다. 꾀나 모략으로 나라 살림을 빼먹는 도둑질로 이어질 수도 있겠으나, 꾀를 써서 나라를 다스린다고 해서 반드시 '나라의 도적'이 되는 것은 아니지 않겠는가. 따라서 적賊은 '그르칠 적'으로 새겨야 한다. 이때 국國은 적賊의 목적어인데 앞으로 나가면서 구조조사 지之가 붙은 것이니, 국지적國之賊은 나라를 그르친다는 뜻이다.

○ 不以智治國 國之福

불이지치국不以智治國은 '꾀로써 나라를 다스리지 않는다', 곧 나라를 다스릴 때 위爲가 없다는 말이다. 순리에 따라 정치가 이루어지니 마침내 나라의 복이 되는 것이다.

국지복國之福은 '나라의 행복'이라 하거나, 지之를 '이를 지'로 보아 '나라가 행복에 이르다'로 보아도 좋을 것이다.

○ 知此兩者亦稽式 常知稽式 是謂玄德

이경숙은 계식稽式을 노자가 붙인 이름이니 고민할 필요가 없다[24]고 했지만, 계식稽式은 '둘도 없는 법식'을 가리키는 말이다. 그러므로 지차량자역계식知此兩者亦稽式은 '이 두 가지를 아는 것이 또한 둘도 없는 법식이다'는 뜻이다. 꾀를 써서 나라를 다스리면 그것은 위爲하는 것이

---

24) 이경숙, 《완역 이경숙 도덕경, 덕경》, 268쪽.

니 나라를 그르치게 된다. 꾀를 쓰지 않고 나라를 다스리면 그것은 곧 무위無爲이니 나라의 복이 된다. 이 두 가지를 아는 것이 나라를 다스릴 때 가장 중요하고도 유일한 법식이라는 것이다.

늘 계식稽式을 알고 있다면 그것을 일러 오묘한 덕, 곧 현덕玄德이라고 한다〔常知稽式 是謂玄德〕.

○ 玄德深矣遠矣

현玄은 '검을 현'이지만 '검을 흑黑'과는 다르다. 매우 깊거나 아득히 멀리 있어 가물거리는 색깔이다. 천자문의 첫 글귀 천지현황天地玄黃에서 말하고 있는 하늘의 빛깔이다. 그러므로 현덕玄德은 깊고도 멀어〔深矣遠矣〕 아득한 덕이다.

○ 與物反矣

여與는 '무리 여'다. 늙으신 선생님 살아계시던 춘추전국시대의 학자와 학파, 곧 제자백가諸子百家를 가리킨다. 앞서는 물物이 제자백가諸子百家를 가리키는 일들이 있었으나, '견주다'는 뜻으로 물物을 쓰려고 하니 제자백가를 가리키는 말로 여與를 쓰게 된 것이다. 반反은 '엎어질 반'이다.

따라서 이 글귀는 "(학파들) 무리가 (서로 제가 잘났다고) 견주다 엎어진다"로 옮겨야 한다. 세상을 살리기보다는 저 잘난 것을 드러내려다 일을 그르친다는 것이니 정치에 실패하고 사라져 간다는 뜻이다.

○ 然後乃至大順

연후然後는 '그런 뒤, 그런 뒤에야'라는 뜻이다.

내乃는 '다스릴 내'다. 여기에서는 명사로 전성되어 '다스림'이란 뜻으로 쓴 것이다. 한편 지至를 '이를 지'로 보아 지대순至大順을 '대순大順에 이른다'고 옮기기도 하나 그런 뜻이라면 지어대순至於大順이라고 써야 옳다. 따라서 지至(지극하다), 대大(성글다), 순順(유순하다)은 제 가끔 독립된 형용사로 보아야 하고, 내지대순乃至大順은 '다스림이 지극하고 성글며 유순하다'고 옮겨야 할 것이다. '다스림(정치)이 지극하다〔乃至〕'는 것은 백성들의 삶을 꼼꼼히 살핀다〔其政察察〕는 뜻이다. '다스림이 성글다〔乃大〕'는 것은 법의 가짓수가 적고 규제가 심하지 않음을 말한다. 복명復命(분부를 덜어냄, 제16장)에 따른 당연한 결과다. 이와 같이 민생을 잘 살피고 억압과 통제는 적으니 다스림이 유순함〔乃順〕 또한 당연하다.

제66장 낮추기를 옳게 여기니 다툼이 없도다

강과 바다가 모든 골짜기의 으뜸이 될 수 있는 까닭은

강해소이능위백곡왕자
江海所以能爲百谷王者

아마도 그를 낮추기를 옳게 여기기 때문이리라. 그러므로 모든 골짜기의 으뜸이 될 수 있느니라.

이기선하지 고능위백곡왕
以其善下之 故能爲百谷王

그 까닭은 오르려 하면 뭇사람들은 반드시 말로써 그를 낮출 것이요,

시이 욕상 민필이언하지
是以 欲上 民必以言下之

앞서려 하면 뭇사람들은 반드시 나이로써 그를 뒤로 미룰 것이기 때문이니라.

욕선 민필이신후지
欲先 民必以身後之

그러므로 성인은 위에 처한다 하더라도 뭇사람들이 무겁게 여기지 않으며,

시이 성인처상이민부중
是以 聖人處上而民不重

앞에 처한다 하더라도 뭇사람들이 시기하지 않느니라.

처전이민불해
處前而民不害

이로써 천하가 기꺼이 추앙하며 싫어하지 않음은

시이 천하락추이불염
是以 天下樂推而不厭

아마도 다투지 않기 때문이리라.

이기부쟁
以其不爭

그러므로 천하 사람들이 그와 더불어 다툴 수 없느니라.

고천하막능여지쟁
故天下莫能與之爭

○ 江海所以能爲百谷王者

소이所以는 '~하는 까닭'이라는 뜻이다. 백곡百谷은 골짜기 백 개가 아니라 여러 골짜기, 모든 골짜기란 뜻이다. 그리고 왕王은 '우두머리' 또는 '으뜸'이라는 뜻이다.

그러므로 강해소이능위백곡왕자江海所以能爲百谷王者는 "강과 바다가 모든 골짜기의 왕(우두머리, 으뜸)이 될 수 있는 까닭"이라는 뜻이다.

○ 以其善下之

이以는 까닭을 나타내는 전치사다. 기其는 추측 부사로 '아마'라는 뜻이다. 따라서 이 글귀는 "아마도 선하지善下之하기 때문일 것이다"라는 말이다. 강과 바다가 모든 골짜기의 으뜸이 될 수 있는 까닭은 바로 선하지善下之하기 때문이라는 것이다.

이때 선善은 '옳게 여길 선', 하下는 '낮출 하'이며, 지之는 강해江海를 가리키는 인칭대사다. 따라서 선하지善下之는 '그를 낮추기를 옳게 여긴다'는 뜻이고, 강과 바다가 모든 골짜기의 으뜸이 될 수 있는 것은 아마도 낮춤을 옳게 여기는 겸손함 때문이 아니겠느냐는 것이다.

○ 故能爲百谷王

그러므로 강과 바다가 모든 골짜기 가운데 으뜸이 될 수 있는 것이다. 자신을 낮추어 흘러드는 물을 가리지 않고 모두 받아들일 줄 아는 겸손함을 지녔기 때문이다.

○ 是以 欲上 民必以言下之

흔히 욕상민欲上民이라고 끊어서 '사람들의 위에 오르려고 하면', '백

성들의 위에 서고자 한다면'으로 옮겨왔다. 그러나 상上에 '~보다 위에
서다'는 뜻은 없다. '오르다', 또는 '올리다'는 뜻도 있지만 그렇다고 해
서 상민上民을 이런 식으로 옮길 수는 없는 일이다.

더구나 이런 풀이는 노자의 본디 뜻과도 전혀 다르다. 공을 이루어
도 스스로 물러나라고 해놓고는 남보다 위에 설 수 있는 방도를 이야
기 한다는 것이 당키나 하겠는가.

상上은 '오를 상'이다. 그러므로 욕상欲上은 '오르고자 하다', 남보다
높이 되려고 한다는 말이다. 남보다 높은 자리에 오르려 하니 아는 체,
잘난 체하고 나선다. 작은 공을 이루어도 반드시 공치사를 하고 그 대
가를 바란다. 바로 위爲다. 이렇게 하면 뭇사람들은 반드시 '말로써' 그
를 낮춘다[民必以言下之]. 욕하고 시기하고 헐뜯는다는 말이다.

○ 欲先 民必以身後之

선先은 '앞설 선'이다. 그러므로 욕선欲先은 '앞서려 하다'는 뜻이다.
남보다 앞서려 하니 제 자랑을 늘어놓고 잘난 체한다. 이 또한 위爲다.
이렇게 하면 뭇사람들은 반드시 '나이로써' 그를 뒤로 미룬다[民必以身
後之]. 이때 이以는 '쓸 이', 신身은 '나이 신', 후後는 '뒤로 미룰 후'다.
나이로써 뒤로 미룬다는 것은 젊은 놈이 뭘 알고 나서느냐며 뒤로 밀
어낸다는 말이다.

○ 是以 聖人處上而民不重 處前而民不害

성인은 위(높은 자리)에 있다 할지라도 뭇사람들이 그를 무겁게 여
기지 않는다[聖人處上而民不重]. 중重은 '무겁게 여길 중'이다. 사람들이
그를 경외하기는커녕 있음만 알 뿐이며, 그의 존재와 나의 삶이 무슨
상관이 있느냐고 말한다.

또한 성인은 앞자리에 선다 할지라도 백성들이 시기하지 않는다[處

前而民不害]. 해害는 '시기할 해'다. 앞자리에 처하여 인도하고 이끌더라도 결코 아는 체하거나 잘난 척하며 자신을 드러내려 하지 않으니 시기할 까닭이 없는 것이다.

○ 是以 天下樂推而不厭

추推를 '추대하다'로 옮긴 것도 있지만 옳지 않다. 춘추전국시대에 백성들이 무슨 수로 지도자를 추대한다는 것인가. 추推는 '숭배하여 높이 받들다', 곧 '추앙하다'는 말이다. 락樂은 동사 추推를 수식하는 부사로 전성된 것이니 '즐거이, 기꺼이'로 옮겨야 한다. 염 厭은 '싫어할 염'이다.

따라서 이 글귀는 "이 때문에 천하 사람들이 기꺼이 (그를) 추앙하며 싫어하지 않는다"는 뜻이다.

○ 以其不爭

이以는 까닭을 나타내는 전치사, 기其는 추측부사다.

따라서 이 글귀는 "아마 다투지 않기 때문일 것"이라는 말이다. 성인은 위에 있더라도 백성들이 무겁게 여기지 않는다. 제 존재를 드러내려 하지 않으니 바로 '체'하지 않는다는 것이며, '체'하지 않으니 다툴일도 없다.

○ 故天下莫能與之爭

막능莫能은 '~할 수 없다'는 부정조동사이며 본동사는 쟁爭이다. 여與는 '더불 여'이니 여지與之는 '그와 더불어'라는 뜻이다.

그러므로 천하막능여지쟁天下莫能與之爭은 '천하가 그와 더불어 다툴수 없다'는 뜻이다. 성인은 다투지 않기[不爭] 때문이다. 남보다 높은

자리에 오르거나 앞서려고 하지 않고 그렇게 된다 할지라도 나서거나
'체'하지 않으니〔無爲〕 남들도 그와 더불어 다투지 않는다.

제67장 나의 도道가 어찌 작겠는가

천하가 모두 이르기를 '나(노자)의 도道는 커서 본받을 수 없을 것 같구나' 하더라.

천하개위 아도대 사불초부
天下皆謂 我道大 似不肖夫

오로지 큰 고로 본받을 수 없을 것 같아도 만약 본받는다면 오래 가게(살게) 되느니라.

유대고사불초 약초구의
唯大故似不肖 若肖久矣

어찌 작겠는가.

기세야부
其細也夫

나는 보배로 여기는 것이 세 가지 있어서 지니고 지켜왔도다.

아유삼보 지이보지
我有三寶 持而保之

첫째는 사랑이요, 둘째는 검약이요,

일왈자 이왈검
一曰慈 二曰儉

셋째는 감히 천하를 다스려 앞서지 않음이라.

삼왈불감위천하선
三曰不敢爲天下先

사랑하기 때문에 용감할 수 있고, 검소하기 때문에 넓힐 수 있으며,

자고능용 검고능광
慈故能勇 儉故能廣

감히 천하를 다스려 앞서지 않으므로

불감위천하선
不敢爲天下先

(높은) 지위를 이루어 (명예를) 더할 수 있느니라.

고능성기장
故能成器長

요즘 사람들은 사랑을 버리고 먼저 용감하고, 검소함을 버리고 먼저 넓히며,

금사자차용 사검차광
今舍慈且勇 舍儉且廣

뒤를 버리고 먼저 앞서려고 하니 죽음뿐이로다.

사후차선 사의부
舍後且先 死矣夫

사랑하라. 싸움으로써 한즉 이길 것이나 지킴으로써 한즉 임금 자리를 굳게 하리라.

청컨대 임금을 도우라. 사랑으로써 나라를 경영하라.

자 이 전 즉 승 이 수 즉 고 천
慈 以戰則勝 以守則固天

장 구 지 이 자 위 지
將救之 以慈衛之

O 天下皆謂 我道大 似不肖夫

천하天下는 세상 사람들을 가리킨다. 그러므로 천하개위天下皆謂는 '세상 사람들이 모두 말하다'는 뜻이다. 아도대我道大는 '내 도道는 크다'는 뜻이다. 여기서 아我는 노자 자신을 가리키니 세상 사람들이 모두 노자의 도는 크다고 말한다는 것이다. 초肖는 '본받을 초'이니 불초不肖는 '본받을 수 없다', 사불초似不肖는 '본받을 수 없을 것 같다'는 뜻이다. 부夫는 '진저 부'로 감탄사다.

O 唯大 故似不肖

유대唯大는 오로지 크기만 하다는 뜻이다. 그러니 세상 사람들이 본받기 어려울 것도 같다[故似不肖].

O 若肖久矣

"만약 본받는다면 오래 갈 것이다"라는 뜻이다. 본받을 것은 아도我道, 곧 노자의 도다. 나의 도道가 크기만 해서 본받기 어렵다고 하지만, 한번 나의 도道를 본받아 따른다면 본성을 지켜 오래 살 수 있다는 것이다.

O 其細也夫

기其는 '어찌, 어떻게'라는 의문대사다. 야부也夫는 감탄을 나타내는 어기조사다.

그러므로 이 글귀는 "어찌 작겠는가"라는 뜻이다. 사람들은 모두 나의 도道는 크기만 해서[唯大] 본받아 따를 수 없을 것 같다[似不肖]고 말한다. 그래서 한낱 하사下士들마저 도道를 듣고는 크게 비웃었던[下

士聞道 大笑之, 제41장) 것이다.

그러나 이 도道를 본받아 따르면 본성을 해치지 않고 오래 살 수 있으니 이런 위대한 도道가 어찌 작겠느냐는 노자의 물음이요 한탄이고, 자신의 도道가 클 수밖에 없는 까닭을 말하는 변명이다. 이토록 크고 귀한 도道를 깨달았다는 노자의 자부심을 나타낸 글귀이기도 하다.

○ 我有三寶 持而保之

보寶는 '보배로 여길 보'다. 여기에서는 명사로 전성되었다. 따라서 아유삼보我有三寶는 '내가 보배로 여기는 것 세 가지가 있다'는 말이다. 지이보지持而保之에서 지持는 '지닐 지', 보保는 '지킬 보'이니 "내가 보배로 여기는 그 세 가지를 지니고 지켰다"는 뜻이다. 또는 "나는 세 가지 보배를 지니고 있다"고 옮길 수도 있다.

○ 一曰慈 二曰儉 三曰不敢爲天下先

세 가지 보배 가운데 첫째는 사랑[慈]이고 둘째는 검소함[儉]이다. 셋째는 불감위천하선不敢爲天下先함이다. 이때 '왈曰'은 '~이다'로 옮길 수 있는 계사다.

'不敢~'은 '감히 ~하지 않다'는 뜻이므로 이 글귀는 '감히 위천하선爲天下先하지 않음'이라는 뜻이다. 이때 위爲는 '다스릴 위', 선先은 '앞설 선'이다. 그러므로 불감위천하선不敢爲天下先은 '감히 천하를 다스려 앞서지 않다', 천하를 다스리겠다고 앞장서서 나서지 않는다는 말이다. 또한 천하의 일을 놓고 앞서 나가려고 다투지 않는다는 말이기도 하다. 더 넓은 땅을 차지하고 더 높은 벼슬에 올라 더 큰 권력을 누리려 하지 않는다는 것이겠다.

○ 慈故能勇

사랑하기 때문에 용감할 수 있다[慈故能勇]. 낡아빠진 신파극이나 싸구려 연애소설 속 한 대목인 듯도 하지만, 사랑 앞에서는 아무리 비겁한 사람이라도 목숨까지 걸 정도로 용감해진다. 그러나 사랑 없는 용기는 만용이나 폭력에 지나지 않는다.

○ 儉故能廣

이경숙은 광廣을 '널리 베풀다'로 옮기고 있는데[25] 그런 뜻은 없다. 광廣은 '넓다, 넓히다'는 뜻이다.

그러므로 이 글귀는 "검약하는 고로 넓힐 수 있다"고 옮겨야 한다. 가진 짐을 비워야 방을 넓게 쓸 수 있으며 구멍을 뚫어야 쓸모도 커진다. 제11장에서 수레바퀴, 방, 창을 보기로 들어 비어 있어야 쓸모가 있다고 했던 것이 생각난다.

○ 不敢爲天下先 故能成器長

감히 천하를 다스려 앞서지 않으니[不敢爲天下先] 능히 성기장成器長할 수 있다는 뜻이다. 그런데 여기서 기器를 '그릇 기'로만 새기니 도저히 말이 안 된다. 말이 안 되니 당시 제사도구였던 청동기가 어쩌고, 대기만성大器晚成이 저쩌고 이야기하다가, 기장器長이 '아주 뛰어난 그릇', '길이 보존될 그릇'이라고 까지하는데,[26] 그야말로 상상일 뿐이다.

기器는 흔히 '그릇 기'로 새기지만 그 속에는 '지위에 따르는 수레와 예복이나 훈장'이라는 뜻이 있다. 그러므로 기器는 '그릇'이 아니라 거복車服과 훈장을 받을 만한 벼슬이나 지위를 가리키는 것이다. 장長은

---

25) 이경숙, 《완역 이경숙 도덕경, 덕경》, 283쪽.
26) 위의 책, 284쪽.

'더할 장'이다. 늘어난다는 말이다.

그러므로 능성기장能成器長은 한 나라를 다스리는 임금과 같은 높은 지위를 이루어 그 명예를 더할 수 있다는 뜻이 된다. 감히 천하를 다스려 앞서려고 다투지 않고, 공이 이루어져도 알아주기를 바라거나 보상을 기다리지 않으니 사람들이 기꺼이 우러러 보게 된다. 이런 이들은 스스로 하고자 하지 않아도 지위와 명예가 저절로 따르게 될 것이다.

○ 今舍慈且勇 舍儉且廣 舍後且先 死矣夫

금금은 '이제 금'이다. '현대', '오늘', 또는 '요즘 세상'이란 뜻이다. 사舍는 '둘 사' 또는 '버릴 사'다. 차且는 '또 차'인데 '우선'이라는 뜻도 있고 '~하면서, ~하면서도'라는 뜻도 있다. 따라서 금사자차용今舍慈且勇은 '오늘날엔 사랑은 버려두고 우선 용감하다'는 말이다. 만용을 부리는 것이니 크게 후회할 일을 당하게 될 것이다.

사검차광舍儉且廣은 '검약은 버려두고 우선 넓히다'는 말이다. 검약하지는 않고 집을 넓히고 쓰임새를 키우는 데 먼저 신경을 쓰니 머지않아 망할 것은 불을 보듯 뻔한 일이다.

마찬가지로 사후차선舍後且先은 '뒤로 미룰 것은 버려두고 우선 앞선다'는 말이다. 미루어도 될 것, 나중에 해도 될 것을 먼저 앞세우기 좋아한다. 나서지 말고 몸을 물려야 할 때인데, 우선 나서고 앞장서 가려 한다. 정작 크고 급한 일을 못하게 될 뿐만 아니라 몸을 버리고 본성을 해칠 수도 있다.

이렇게 사자차용今舍慈且勇하고, 사검차광舍儉且廣며, 사후차선舍後且先하기를 좋아하는 것이 바로 순리順理하지 않는 일, 곧 위爲다. 순리를 거슬러 꾸미고 지어내니 그 끝이 무엇이겠는가. 죽음 밖에 더 있겠는가[死矣夫]. 이때 의부矣夫는 기세야부其細也夫의 야부也夫와 마찬가지로 감탄 어기조사로 쓴 것이다.

150

○ 慈 以戰則勝

이곳을 흔히 자이전즉승慈以戰則勝이라고 붙여서 '사랑으로써 싸운즉 이긴다'고 옮기지만, 사랑 아니라 그 어떤 명분을 들이대더라도 싸움은 본성을 해치게 마련이다. 사랑한다면 싸우지 말아야 하는 것이다. 사랑으로써 싸운다고 해서 반드시 이기는 것도 아니다.

자慈는 '사랑할 자'이니 '사랑하라'는 명령, 또는 청유다. 이以는 '써 할 이'다. 전戰은 '싸움 전'이다. 따라서 이 글귀는 "사랑하라. 싸움으로써 한즉 이긴다"는 말이다. 남보다 앞서려고 하며 남보다 넓히려고 한다면 싸워서 이길 수는 있다는 말이다.

그러나 수많은 생령들이 죽고 다치게 될 것이며, 지기라도 한다면 모든 것을 잃게 될 것이다. 그래서 첫머리에 '사랑하라'고 했던 것이다.

○ 以守則固天

여기에서 이以는 병렬을 나타내는 접속사다. 이而와 같다. 고固는 '굳게 할 고', 천天은 '임금 천'이다. 따라서 이 글귀는 "지킨즉 임금(자리)을 굳게 한다"는 뜻이다. 작고 적고 뒤쳐졌다 하더라도 키우고 늘리고 싸워서 앞서 나가려 하지 말고, 서 있는 자리를 지킨다면 임금 자리는 굳게 지킬 수 있으리란 말이다.

○ 將救之 以慈衛之

장將은 '청컨대 장'이다. 구救는 '도울 구'다. 이때 지之는 천天, 곧 임금을 가리킨다. 따라서 이 글귀는 '청컨대 그(임금)를 도우라'는 말이다. 임금을 도우라는 말이 임금의 권력을 지키라는 뜻은 아니다. 임금이 헛된 욕심을 부려 끝네없는 선생을 멀리지 않도록 하며, 백성들 목숨을 지키는 일을 힘쓰고, 그들의 삶이 평온하도록 하는 일, 곧 임금이 지고 있는 책무를 잘 수행하도록 도우라는 말이다.

위衛는 '경영할 위'이며 위지衛之의 지之는 '임금'이 아니라 '나라'를 가리키는 말이다. 따라서 이자위지以慈衛之는 '사랑으로써 나라를 경영하라'는 말이다.

제68장 전쟁을 옳게 여기는 학문은 배우지 말라

선비(들의 학문) 배우기를 옳게 여긴다면 전쟁을 옳게 여기는 이를 잇지 말라.

선 위 사 자 불 무 선 전 자
善爲士者 不武善戰者

성내지 말라.

불 노
不怒

적을 능가하기를 옳게 여기는 이는 더불어 하지 말라.

선 승 적 자 불 여
善勝敵者 不與

사람 부리기를 잘하려면 그를 배우고 겸손하라.

선 용 인 자 위 지 하
善用人者 爲之下

이 까닭은 다투지 않음이 덕德이기 때문이오.

시 위 부 쟁 지 덕
是謂不爭之德

이 까닭은 사람을 부리는 병이 심하기 때문이오.

시 위 용 인 지 력
是謂用人之力

이 까닭은 (요·순·우처럼) 임금 자리를 나누어 맡던 옛 일이 그쳤기 때문이오.

시 위 배 천 고 지 극
是謂配天古之極

○ 善爲士者

선善은 '옳게 여길 선'이고 자者는 가정이나 조건을 나타내는 어기조사다. 따라서 이 글귀는 "위사爲士하기를 옳게 여긴다면"이라는 뜻이다. 여기서 위爲는 '배울 위'다. 사士는 '선비 사'다. '학문을 닦는 이'를 말한다. 따라서 위사爲士는 '선비를 배우다'는 뜻이니 당시 여러 학자들을 불러 정치철학과 부국강병책을 묻던 일을 말한다.

○ 不武善戰者

불不은 여기에서는 금지사로 쓴 것이다. '~하지 말라'는 말이다. 무武는 '이을 무'다. '계승하다'는 뜻이다. 이 무武를 흔히 '무력을 쓰다', '무예가 뛰어나다', '무용을 드러내다' 등으로 옮기고 있지만, 무武에 그런 뜻은 없다. 따라서 불무不武는 '잇지 말라'는 말이니 곧 '학설이나 학통을 채택하지 말라'는 말이다.

선善은 '옳게 여길 선', 전戰은 '싸움 전'이니 선전자善戰者는 '싸우기를 옳게 여기는 이'란 말이다. 전쟁을 부추기거나 싸움 기술을 연구하는 선비, 또는 학파를 가리킨다. 따라서 이 글귀는 병가兵家와 같은 학문은 정치이념으로 채택하지 말라는 말이다.

○ 不怒

불不은 '~하지 말라'는 금지사이고 노怒는 '성낼 노'다. 따라서 이 글귀는 "성내지 말라"는 말이다. 그런데 왜 갑자기 성내지 말라고 한 것일까?

이곳은 노자가 어느 제후의 초빙을 받아 강의하고 있는 장면으로 보인다. 왕을 비롯하여 여러 선비와 장수들이 강의를 듣고 있는데, 그 가운데는 병가兵家의 학문을 깊이 연구하거나 마음에 두고 있는 이도 있었을 것이다. 부국강병을 이루고 천하를 제패하는 데 군사력과 전쟁 기술만한 것은 없다고 믿는 이들이니 병가兵家와 같은 학문은 배워 잇거나 정치 이념으로 채택하지 말라는 말에 성을 내며 야유를 보냈던 것이다.

○ 善勝敵者 不與

승勝에는 '능가하다'는 뜻이 있다. 따라서 선승적자善勝敵者는 '적을 능가하기를 옳게 여긴다면'라는 뜻이다. 불여不與는 '더불어 하지 말라' 이니 이 글귀는 "적을 능가하기를 옳게 여기는 이는 더불어 하지 말라"는 말이다. 한마디로 전쟁 벌이기를 좋아하는 이의 말은 귀 기울여 듣지도 말고 들어 쓰지도 말라는 당부다.

○ 善用人者 爲之下

선善은 '잘할 선'이다. 자者는 가정이나 조건을 나타내는 어기조사다. 따라서 선용인자善用人者는 '사람 부리기를 잘 하려면'라는 말이다.

사람 부리기를 잘 하려면 어찌 해야 하는가? 위지하爲之下해야 한다. 위爲는 '배울 위'다. 지之는 '부림을 당하는 이', 곧 백성들을 가리킨다. 下는 '낮출 하'다. 겸손하다는 뜻이다.

따라서 위지하爲之下는 '(자신을 낮추어) 백성들을 배우고 겸손하라'는 뜻이다.

○ 是謂不爭之德

이때 벼슬아치들과 함께 강의를 듣던 제후가 아마도 다음과 같이 물었은 것이다.

"지금 주나라의 적통이 무너지고 천하 제후들이 모두 나서서 제가 천하의 주인이 되겠다고 부국강병에 힘쓰며 전쟁까지도 마다하지 않고 있소. 군사력이 무엇보다도 중요할 터인데 전쟁을 옳게 여기는 선비의 학문은 잇지 말라[不武善戰者]고 하니 그 까닭이 뭐란 말이요?"

이 질문에 노자가 한 대답이 시위부쟁지덕是謂不爭之德이다. 시是는 '이 시'이고, 위謂는 '까닭 위'다. 따라서 시위是謂는 '이 까닭은'이라는 뜻이다. 전쟁을 옳게 여기는 선비의 학문을 잇지(계승하지) 말라고 말한 까닭은 이렇다는 것이다.

그 까닭은 바로 부쟁지덕不爭之德이기 때문이다. 지之는 주술관계인 글월을 구나 절로 만들어 주는 구실을 하는 구조조사다. 우리말 주격조사로 옮기면 자연스러우니 부쟁지덕不爭之德은 '부쟁不爭이 덕德이다'가 된다. '다투지 않음이 덕스러운 일'인데 전쟁을 찬양하고 전쟁 기술이나 가르치는 학문을 따를 수는 없다는 말이겠다.

○ 是謂用人之力

벼슬아치들의 물음이 이어졌을 것이다.

"내가 부리는 사람인데 그를 배우라니 무슨 소리오?"

이에 대한 답이 바로 시위용인지력是謂用人之力이다. 용인지력用人之力을 '용인用人하는 힘'으로 보기도 하지만, 늙으신 선생님이 사람을 부리는 힘(권력), 또는 그런 힘을 얻는 방도를 제시했을 리가 없다.

력力은 '심할 력'이다. '병이 심하다'는 뜻이다. 지之는 형용사, 동사, 명사, 대사, 주술구조의 뒤에 붙어 그것을 관형어로 만들어 주는 구조조사다. 따라서 용인지력用人之力은 다음과 같은 얼개이고, 뜻은 '사람을 부리는 병이 심하다'이다.

용人이 力을 꾸며줌

用人	之	力
사람을 부림	관형어를 만드는 구조조사	병이 심하다

백성을 노역과 전쟁에 동원하는 일이 없을 수는 없겠으나, 그 일이 잦고 가혹하기가 권력자들이 마치 사람 부리는 병이라도 걸린 것 같다. 백성들의 불만이 하늘을 찌르고 자칫하면 난이라도 일으킬 기세다. 그러나 정치는 백성들의 뜻을 살피고 하늘 이법에 따라 그것을 모아 하나로 하는 일이다(聖人在天下歙歙 爲天下渾其心, 제49장). 백성을 배우고 자신을 낮추어 겸손해야[爲之下] 마땅하다.

○ 是謂配天古之極

그러자 다시 이리된 까닭이 무엇이냐는 질문이 나왔을 것이다. 그러자 늙으신 선생님께서 이렇게 대답한다.

정치를 한다는 사람들이 민생을 돌보기는커녕 영토를 확장하여 천하 패권을 쥐려는 전쟁이나 벌인다. 백성들은 삶이 곤궁하기 짝이 없고 죽거나 다치는 일이 너무나 많다. 이렇게 된 것은 바로 배천고지극配天古之極했기 때문이다.

흔히 배천配天과 고지극古之極을 따로 떼어 시위배천是謂配天을 '이를 일러 하늘과 짝짓는다고 한다'나 '하늘과 짝지을 만하다'로, 고지극古之極은 '옛사람의 지극한 도'로 옮겨 왔다. 말이 전혀 안 되지는 않지만, 앞에서 한 말과 별다른 인과관계를 찾을 수 없다.

나는 배천配天이 고古를 수식하는 구句라고 본다. 이때 배配는 '나눌 배', 천天은 '임금 천'이니 배천配天은 '임금을 나누다'는 뜻이다. 임금 자리를 나누어 차지한다는 말이니 바로 요堯가 순舜에게, 순舜이 우禹에게 임금 자리를 물려준 일을 가리킨다. 고古는 '예 고'이므로 배천고配天古는 '임금 자리를 나누어 맡던 옛일', 곧 선위禪位를 뜻한다.

지之는 구조조사다. 주술관계를 만들어 준다. 극極은 '그칠 극'이다. 따라서 배천고지극配天古之極은 "임금 자리를 나누(어 맡)던 옛일이 그쳤다"는 말이다.

권력을 탐하는 이라면 죽기까지 임금 자리를 지키려 할 것이니, 죽기 전에 덕 있는 사람에게 임금 자리를 물려주는 일은 오늘날 사람들이 따라 할 수 있는 일이 아니다. 바로 그런 아름다운 옛일이 그쳤기 때문에 힘 있는 자가 천하를 손에 넣어 임금 자리에 오르려고 하는 것이다. 전쟁을 벌여서라도 그 자리를 차지하려 하고, 제 권위를 드러내고자 백성들을 동원하여 아름다운 궁궐을 짓고 높은 성벽을 쌓으며, 심하게는 제가 묻힐 무덤까지 크고 화려하게 짓는다.

제69장 가벼이 겨룸보다 더 큰 화는 없느니라

또한 전쟁으로써 말한다면 친하지 않으니

용 병 유 언 어
用兵有言 吾

감히 주인인 척 하지 않고 손님인 척 하겠노라.

불 감 위 주 이 위 객
不敢爲主而爲客

(그래도 윤희가 묻자 대답하기를) 감히 한 걸음 나아가기 보다는 열 걸음 물러날지니라.

불 감 진 촌 이 퇴 척
不敢進寸而退尺

바로잡아 이르노니 (싸우는 길로) 가보라. 길이 없도다. (내 소매를) 걷어라. 팔이 없도다.

시 위 행 무 행 양 무 비
是謂 行 無行 攘 無臂

(소매를) 당겨 내리라. 겨루지 말라. 두려워하라. 공격하지 말라.

잉 무 적 집 무 병
扔 無敵 執 無兵

가벼이 겨루는 것보다 더 큰 화는 없도다.

화 막 대 어 경 적
禍莫大於輕敵

가벼이 싸우는 일은 내 보배 잃기를 바라는 것이니라.

경 적 기 상 오 보
輕敵幾 喪吾寶

예로부터 병장기를 들어 서로 공격했으나 슬퍼함이 나으니라.

고 항 병 상 가 애 자 승 의
故抗兵相加 哀者勝矣

○ 用兵有言

흔히 '병법兵法에 이런 말이 있다'고 옮기지만 이 글귀 어디에도 '병법'이란 말은 없다. 아마도 용병用兵을 '군사를 부림'으로 보아 '병법'이라고 옮긴 듯하나 이것을 '병법에'라고 할 수는 없는 일이다.

용用은 '쓸 용'이 아니라 '써 용'이다. 이以와 같으므로 이 글귀는 이병유언以兵有言과 같다. 한편 이以는 병兵이 언言의 목적어임을 나타내기도 한다. 병兵은 '싸움 병'이다. 전투나 전쟁을 가리킨다. 유有는 '또 유'다. 따라서 이 글귀는 "또한 전쟁을 말하다"는 뜻이다.

늙으신 선생님은 왜 갑자기 전쟁에 대해 이야기하겠다는 것일까? 춘추전국시대의 중요한 가치는 힘을 키워 이웃을 제압하는 것이었다. 게다가 늙으신 선생님께서 《도덕경》을 전했다는 윤희는 관령關令, 곧 국경 수비대장이었다. 외적을 막아 물리치는 일이 중요한 일이었을 터이니 노자의 말을 받아 적던 윤희가 전쟁이나 용병술에 대해 질문하는 것은 어쩌면 당연했을 것이다. 이렇게 가정해 본다면 이곳은 바로 윤희가 묻는 말에 노자가 대답하는 대목일 것이다.

○ 吾

여기에서 吾는 '친하지 않을 어'다. 전쟁과 친하지 않다는 말이다. 늙으신 선생님은 언제나 남보다 높이 오르려 하거나 앞서 나가려고 하지 말라고 했다. 그러므로 전쟁하는 기술, 군사를 부리는 일 따위와 친하지도 않고 아는 바도 없으니 내게 그런 말은 묻지 말라는 뜻이다.

○ 不敢爲主而爲客

'불감不敢~'은 '감히 ~할 수 없다', '감히 ~하지 않다'는 말이다. 여기에서 위爲는 '체할 위'다.

따라서 불감위주이위객不敢爲主而爲客은 "감히 주인인 체하지 않고 손님인 척하다"가 된다. 여기에서 '주인'은 '중심인물'이라는 말이다. 다투거나 싸우지 말라고 늘 얘기해 왔으니 병법이나 전쟁과는 친하지도 않고 아는 바도 없다. 아는 체 나설 수 없으니 중심인물이 될 수도, 그런 체 할 수도 없다. 그저 손님인 것처럼 조용히 있겠다는 말이다.

○ 不敢進寸而退尺

그래도 윤희는 집요하다. 변방 수비대장에 지나지 않는 그가 언제 또 이런 큰 선생을 만나 가르침을 받을 수 있겠는가? 용병술이나 전쟁 기술에 대해서는 모른다고 하시는데 그래도 전쟁에 대해서 해 주실 말씀이 있지 않겠느냐고 물었을 것이다.

이런 질문에 노자는 "감히 일 촌(한 걸음)을 나아가려 하지 말고 열 자(열 걸음)를 물러나라"고 대답한다. 싸우려 나아가 작은 승리를 얻기보다는 크게 양보하고 물러서는 것이 좋을 것이라는 얘기이니 싸움을 피하라는 것이다. 전쟁이나 다툼은 본성을 해치기 쉽기 때문이다.

○ 是謂

시위是謂를 흔히 '이를 일러'라고 옮기는데 여기에서는 그렇지 않다. 늙으신 선생님은 싸우려 나가지 말고 오히려 물러서라고 한다. 그러나 당시 세태는 힘을 최고로 쳤으니, 윤희는 이 말을 알아듣지 못하고 왜 그래야 히느냐고 물었을 것이다. 그래서 좀 너 쉽게 풀어 말해 보겠다는 것이 바로 시위是謂다. "바로잡아 이르겠다"는 뜻이다.

○ 行 無行

흔히 행무행行無行으로 읽어 '가지 않아도 간다', '무행無行을 행行하다'로 번역을 하고 있지만, 가지 않는데 어떻게 갈 수 있겠는가? 무행을 행한다고 하지만 위객爲客하고(손님인 체함) 퇴척退尺하는 것(열 걸음 물러섬)이 어찌 무행無行이 될 수 있단 말인가? 이 글귀 또한 끊어 읽기가 잘못된 것이다.

동사가 먼저 나온다는 것은 이 글귀가 명령문이라는 얘기다. 따라서 행行은 '가라'는 말이다. 무행無行의 행行은 '길 행'이다. 따라서 무행無行은 '길이 없다'는 말이다.

그러므로 이 글귀는 "가라(가 보라). 길이 없다"가 된다. 싸우려 나아가 보아도 그것은 갈 길이 아니고 해결할 방책도 아니라는 것이다. 싸움이나 다툼은 해결책이 아니라 오히려 본성을 해치는 길이기 때문이다.

○ 攘 無 臂 扔

양攘은 '걷을 양'이다. 소매를 걷어 올린다는 뜻이다. 이 또한 동사가 앞에 나왔으니 명령문이다. 내 소매를 걷어보라는 말이다.

무비無臂에서 비臂는 '팔 비'이니 무비無臂는 팔이 없다는 말이다. 내 소매를 걷어보아라, 팔이 없지 않느냐는 것이다. 그렇다면 늙으신 선생님은 팔이 잘리는 형벌을 받았을 것이고 몸 하나를 간수하지 못한 자괴감에 시달렸을 것이다. 그리고 이것이 몸을 숨기려 서쪽으로 달아나는 까닭 가운데 하나일 것이다.

싸우거나 전쟁을 벌이지 말라는 그의 가르침은 당시 세태와 전혀 맞지 않았다. 싸우려 나아가지 말고 오히려 뒤로 물러서라고 하니 그 누가 그의 말을 받아들이겠는가? 다른 선비들의 모함을 받았거나 천하제패를 노리는 어느 권력자의 미움을 샀을 것이다. 그런데도 제 주장을 굽히지 않고 힘써 말하다가 이렇게 참혹한 형벌을 받았을 것이다. 뒤로 물렸으면 이런 일도 당하지 않고 본성을 지켰을 터이니 얼마나 큰 자괴감에 시달렸을 것인가. 마침내 목숨이나마 이어가려면 달아나는 길밖에 없다고 생각했을 것이다.

잉扔은 '당길 잉'이므로, 이는 내 소매를 걷어 팔이 없는 것을 보았으니 걷어 올린 소매를 당겨 내려달라는 말이다.

○ 無敵 執 無兵

무적無敵에서 무無는 '말 무'다. 무毋와 같다. 적敵은 '겨룰 적'이다. 따라서 무적無敵은 '적이 없다'가 아니라 '겨루지 말라'는 말이다. 늙으신 선생님 또한 제 주장을 들어 다른 학파의 선비들과 겨루다가 이런 참혹한 형벌을 받게 된 것이 아니던가. 남과 겨루고 다투어 봐야 다치거나 죽기 쉬우니 그러지 말라는 충고다.

집執은 '두려워할 집'이다. 집慹과 통용되는 글자다. 따라서 집執은 '두려워하라'는 말이다.

병兵은 '군사 병'이 아니라 '칠 병'이다. 적을 치다, 곧 공격한다는 말이다. 무無는 '말 무'다. 따라서 무병無兵은 '(적을) 치지 말라'이다. 나와 생각이 다르다고 해서 싸움을 걸었다가 나처럼 참혹한 지경에 빠질 수도 있으니 부디 싸우거나 다투지 말라는 당부이다.

○ 禍莫大於輕敵

막대莫大는 '더 크지 않다, 더 큰 것이 없다'는 뜻이다. 어於는 비교 대상을 나타내는 전치사다. 그리고 경輕은 '가벼이 여길 경'이니 '적을 가벼이 여김보다 더 큰 화禍는 없다'고 옮기는 일이 많다. 싸울 때는 적을 무겁게 여겨 신중하게 할 것이며, 적이 쳐들어올 것을 대비해야 한다고 하니 이 말만 떼어 놓고 본다면 참으로 옳은 말이다.

그러나 노자는 전쟁과는 친하지 않아서 잘 모른다고 했다. 잘 모르니 할 말은 없지만 싸워서 작은 승리를 얻기 보다는 뒤로 물러나 네 본성이나 지키라고 한 사람이다. 그래 놓고는 적을 가벼이 여기지 말고 적이 쳐들어올 때를 대비하여 싸울 준비를 하라니 이야말로 모순이 아닌가.

경輕은 '가벼이 경'이다. 적敵은 '겨룰 적'이다. 그러므로 경적輕敵은 '가벼이 겨루다'는 뜻이다. 겨루기를 꺼리지 않고 경솔하게 싸움을 벌인 다, 곧 세상사를 대결 구도로 파악하고 나와 다르면 싸워 쳐부수려 한 다는 말이다. 작게는 몸을 다치고 크게는 목숨과 재산을 잃게 될 것이 다. 그러므로 이 글귀는 "가벼이 겨룸보다 더 큰 화는 없다"는 뜻이다.

○ 輕敵幾喪吾寶

기幾는 '바랄 기'다. 희망한다는 뜻이다. 상喪은 '잃을 상'이다. 오보 吾寶는 '내 보배', 또는 '내가 보배로 여기는 것'이다.

따라서 이 글귀는 가벼이 싸워 겨룬다[輕敵]는 것은 내 보배를 잃기 를 바라는 일이라는 뜻이다. 경솔히 싸움을 벌이다가 내 소중한 것들, 곧 제 몸, 제 목숨, 제 피붙이를 잃게 된다면 이 얼마나 어리석은 일이 냐는 것이다.

○ 故抗兵相加 哀者勝矣

고故는 '예부터 고'다. 항抗은 '들 항', 병兵은 '병장기 병', 가加는 '칠 가'다. 그러므로 항병抗兵은 '병장기(무기)를 들다', 상가相加는 '서로 치 다(공격하다)'는 뜻이다. 옛날부터 사람들은 전쟁을 벌여왔던 것이다[故 抗兵相加].

애자승의哀者勝矣를 흔히 '슬퍼하는 자가 이긴다'고 옮기지만 그렇지 않다. 전쟁을 슬퍼한다고 해서 어찌 이길 수 있겠는가. 더구나 싸우려 나아가지 말고 뒤로 물러나라고 해놓고는 전쟁에서 이기는 법을 말했다 고 볼 수는 없지 않겠는가. 승勝은 '나을 승'이다. 애자哀者는 '슬퍼함', 또는 '슬퍼하는 것'이라고 옮겨야 한다. 따라서 哀者勝矣는 '슬퍼함이 낫다'는 말이다. 오래전부터 사람들은 전쟁을 벌여왔고 그 결과 사람들은 소중히 여기는 것들을 잃게 되었다. 재산, 명예 따위는 말할 것도 없고 서로 목숨을 뺏고 빼앗기며 혈육이 죽고 다치는 꼴을 보아야 할 것이니, 이보다 더 슬프고 참혹한 일은 없을 것이다. 따라서 전쟁을 찬미한다거나 전쟁에서 이기는 법이나 연구하기보다는 전쟁 때문에 벌어지게 될 참상을 슬퍼하는 것이 더 낫다는 말이다.

제70장 자신을 알지니라

내 말은 매우 쉬우니 깨달을지니라. 매우 쉬우니 (내 말대로) 행할지니라.

오 언 심 이 지 심 이 행
吾言甚易 知 甚易 行

세상 사람들은 깨닫지도 못하고 행하지도 않느니라.

천 하 막 능 지 막 능 행
天下莫能知莫能行

가묘家廟를 지니고 있으며, 어느 임금을 섬긴다고 말하(며 뻐기)는구나.

언 유 종 사 유 군 부
言有宗事有君夫

오로지 아는 것이 없으니 이러한 까닭은 제 자신을 모르기 때문이니라.

유 무 지 시 이 불 아 지
唯無知 是以不我知

제 자신을 아는 자가 드무니, 나라면 이 까닭을 귀히 여기리라.

지 아 자 희 즉 아 자 귀 시 이
知我者希 則我者貴是以

성인은 베옷을 입었어도 구슬을 품었느니라.

성 인 피 갈 회 옥
聖人被褐懷玉

○ 吾言

오언吾言은 '내 말', 곧 '내가 하는 말'이라는 뜻이다. 이때 '나'는 늙으신 선생님이다. 오吾는 아我와 함께 '나'를 가리키는 일인칭 대사다. 갑골문에는 나타나지 않고 현대 중국어에서도 쓰지 않는다고 한다. 한편 아我는 주격과 목적격, 오吾는 주격과 소유격으로 쓴다는 것이 다르다. 아我와 오吾를 함께 쓸 때는 오吾가 주격이면 아我는 목적격이 되며, 오吾가 소유격이면 아我를 주격으로 쓴다.

○ 甚易 知 甚易 行

흔히 심이지甚易知, 심이행甚易行으로 읽어 '심히 알기 쉽고, 심히 행하기 쉽다'고 옮기지만 그렇지 않다.

이 글귀는 심이甚易 지知, 심이甚易 행行으로 끊어 읽어야 한다. "심히 쉬우니 알지니라. 심히 쉬우니 행할지니."라는 뜻이다.

○ 天下莫能知莫能行

'막능莫能~'은 '~할 수 없다, ~하지 못하다'는 뜻이다. 지知는 '알지'인데 '깨닫다'는 뜻이다. 그러므로 이 글귀는 "천하가 깨닫지도 못하고 행하지도 못하다"는 뜻이다. 이때 천하天下는 '세상사람'이다.

○ 言有宗事有君夫

조금씩 다르기는 하지만 많은 이들이 '말에는 근원(종지, 벼리, 근원)이 있고 일에는 주체(중심, 주재자, 통솔자)가 있다'는 식으로 옮기고 있다. 그러나 이런 풀이는 앞뒤 글월과 전혀 통하지 않는 말이다. 종宗과 군君의 뜻에만 얽매였을 뿐 유有는 대수롭지 않게 여겼기 때문이다.

언글은 '~라고 말하다'는 뜻이고, 유종사유군有宗事有君을 목적어로
취하는 타동사다. 따라서 이 글귀는 "유종사유군有宗事有君을 말하다"가
된다.

앞에 있는 유有는 '가질 유'다. 종宗은 '가묘家廟 종'이다. 가묘는 집안 조
상을 모신 사당이다. 따라서 유종有宗은 '가묘를 지니고 있다'는 말이다. 가
묘를 지닌 집안이라면 사회적 지위도 높고 꽤 많은 재산을 지녔다는 것을
말한다. 뒤에 있는 유有는 '어떤, 아무개'로, 모某와 뜻이 같다. 사事는 '섬
길 사'다. 따라서 사유군事有君은 '어떤 임금을 섬기다'는 뜻이다.

그러므로 이 글귀는 "(우리 가문은) 가묘를 지녔으며, 어느 임금을
섬긴다고 말하는구나"라고 옮길 수 있다. 제가 가묘를 지닌 유력한 가
문 출신인데, 어떤 임금 아래에서 벼슬을 하고 있는지 드러내며 뻐긴
다는 말이다. 이때 부夫는 감탄사다.

○ 唯無知 是以不我知

유무지唯無知는 오로지 앎이 없다는 뜻이다. 그러므로 앞 글귀에 이
어서 읽으면 '가묘를 지니고, 어느 임금을 섬긴다고 말하지만 오로지
앎이 없다(알지 못한다)'는 말이 된다. 늙으신 선생님의 도道는 쉽고
간략하기 이를 데 없지만, 집안이 좋거나 나라에서 녹을 받는 벼슬아
치라 하더라도 그 말을 알아듣지 못한다는 것이다.

이以는 '까닭 이'이니 시이是以는 '이 까닭, 이러한 까닭'이라는 뜻이
다. 불아지不我知는 본디 부지아不知我였던 것이 도치된 글월이다. 부정
문에서 목적어가 대사代詞일 때는 대사가 동사 앞으로 나오기 때문이
다. 따라서 시이불아지是以不我知는 '이러한 까닭은 나 자신을 알지 못
하기 때문이다'가 된다. 제 주제를 제대로 알지 못하므로 출신 가문이
나 섬기는 임금을 들어 잘난 체한다는 말이다.

○ 知我者希 則我者貴是以

자者는 앞말을 받는 특수대사이므로 지아자희知我者希는 '제 자신을 아는 이가 드물다'는 말이다.

즉則은 '그런 즉, 그러므로, 그렇다면' 등으로 옮길 수 있는 접속사다. 즉아자則我者의 자者는 가정이나 조건을 나타내는 어기조사다. 따라서 즉아자則我者는 '그런즉 나라면'이라는 말이다. 귀貴는 '귀히 여길 귀'다. 이以는 '까닭 이'다. 따라서 귀시이貴是以는 '이 까닭을 귀히 여기다'는 말이다.

늙으신 선생님께서는 자신이 하는 말은 매우 쉬우니 깨닫고 따라 행하라고 당부하지만, 세상 사람들은 그러지 못한다. 당부하는 것은 오로지 잘난 체 나서지 말라는 것이다. 그러나 사람들은 제가 못났기 때문에 잘난 체 한다는 것을 알지 못한다. 이러저러한 명문가 출신이고 이름 있는 임금을 모시고 벼슬살이를 하고 있다며 잘난 체한다. 무위無爲하지 못하고 유위有爲하니 이는 제 자신을 알지 못하기 때문이다.

그래서 노자는 '나라면 그 까닭을 귀히 여기겠노라'고 말한다. 가문과 임금의 권위를 앞세워 잘난 체하는 까닭은 바로 제가 못났기 때문이라는 것을 가슴에 새기겠다는 것이다.

○ 聖人被褐懷玉

그러면서 노자는 이렇게 마무리한다. 성인은 베옷, 또는 털옷[27]을 입었지만[被褐], 구슬을 품고 있다[懷玉]고. 겉모습은 남루하고 미천하지만 속으로는 보배를 품고 있다는 뜻이다. 그 보배는 쉬운 말로 해도 알아듣지 못하며, 따르기 쉬운데도 따르지 않는 그것, 바로 '체'하지 않

---

27) 갈褐은 '베옷 갈'이다. 삼베로 지은 옷이니 비단옷을 입는 왕족이나 귀족이 아니라 신분이 낮은 이들이 입던 옷이다. 한편 '털옷 갈'이기도 한데 거친 털로 짜 천인들이 입던 옷을 가리킨다.

음, 곧 무위無爲하는 도를 가리키는 말이다.

제기장 거죽만 알면서도 다 아는 척함이 병이로다

앎이 크다고 해도 거죽을 아는 것은 알지 못하는 것이니라.

지 비 지 상 부 지
知不 知上不知

아는 게 병이로구나.

지 병 부
知病夫

오로지 (아는 척하는) 병을 근심하면 이로써 괴로워하지는 않으리라.

유 병 병 시 이 불 병
唯病病 是以不病

성인은 괴로워하지 않나니 아마도 (아는 척하는) 병을 근심하기 때문이리라.

성 인 불 병 이 기 병 병
聖人不病 以其病病

이런 까닭에 괴로워하지 않느니라.

시 이 불 병
是以不病

○ 知不 知上不知 知病夫

글귀 처음에 나온 지知는 '알 지'가 아니라 '앎 지'이고, 지식을 가리킨다. 不는 '아닐 불'이 아니라 '클 비'다. 따라서 지비知不는 '앎(지식)이 크다'는 말이다.

지상부지知上不知에서 상上은 '웃 상'인데 '표면, 거죽'이라는 뜻이 있다. 따라서 지상知上은 '거죽을 앎'이니 껍데기만 알 뿐 깊고 정밀하게 알지는 못한다는 말이다. 따라서 지비知不 지상부지知上不知는 넓게 알기는 하지만 그 거죽이나 알고 있으니 제대로 안다고 할 수는 없다는 것이다.

지병부知病夫에서 지知는 '앎 지'다. 병病은 '병 병, 근심 병'이다. 그리고 부夫는 감탄사로 쓴 것이다. 따라서 이 글귀는 '앎이 병이로구나' 하는 탄식이니 식자우환識字憂患과 같은 뜻이다.

명사	명사	감탄사
知	病	夫
앎	병	~로다, ~이구나

거죽만 알지 제대로 알지 못하는데도 다 아는 것처럼 말하고 행동하니 이 어찌 병이 아니겠는가.

○ 唯病病 是以不病

유병병唯病病에서 앞에 나온 病은 '근심할 병'이고 뒤에 나온 것은 '병 병'이다. 따라서 유병병唯病病은 '오로지 병을 근심하라'는 말이다. 무엇이 병인가? 바로 거죽만 아는 지식, 곧 피상적인 지식[知上]이 병病이다. 천박한 지식을 가지고 아는 척 나서는 것은 아닌지 조심하라는 이야기다.

시이是以는 '이로써, 이런 까닭에'이다. 시이불병是以不病에서 병病은 '괴로워 할 병'이다. 천박한 지식을 가지고 다 아는 척하는 건 아닌지 근심하고 경계한다면 마침내 괴로움을 당하지 않게 될 것이라는 뜻이다.

○ 聖人不病 以其病病 是以不病

성인불병聖人不病은 '성인은 괴로워하지 않는다'는 말이다. 괴로워하지 않는 까닭이 바로 이기병병以其病病이다. 여기에서 이以는 까닭을 나타내는 전치사다. 기其는 추측을 나타내는 부사다. '아마, 아마도'라는 뜻이다. 따라서 이기병병以其病病은 '아마도 (잘 알지도 못하면서 아는 체하는) 병을 근심하기 때문일 것이다'로 옮긴다. 시이불병是以不病은 앞에 나온 바와 같이 '이런 까닭에 괴로워하지 않는다'는 말이다.

제72장 백성이 으뜸이니 으르거나 억누르지 말라

백성이 으뜸이니 으르기를 삼가라. 법이 성기니 협박이 극에 달했노라.

민 비 외 위 칙 대 위 지
民不 畏威 則大 威至

편안함이 없다면 어찌 거주할 바이며,

무 압 기 소 거
無狎其所居

만족함이 없다면 어찌 사는 바리오.

무 염 기 소 생 부
無厭其所生夫

오직 억누르지 말지니라. 이로써 크게 만족하리라.

유 불 엽 시 이 비 염
唯不厭 是以不厭

이런 까닭에 성인은 깨달음을 좇지 남의 견해를 좇지 않으며,

시 이 성 인 자 지 부 자 견
是以聖人自知不自見

(백성) 사랑하기를 좇지 입신양명을 좇지 않느니라.

자 애 부 자 귀
自愛不自貴

그러므로 저것을 버리고 이것을 취할지니라.

고 거 피 취 차
故去彼取此

○ 民不 畏威 則大 威至

이 글귀도 끊어 읽기를 잘못한 탓에 노자의 뜻과는 전혀 다르게 번역해 왔다. 더구나 한자가 지닌 다의성多義性을 꼼꼼히 살펴보지 않으니 아무리 애를 써도 말이 되지 않는 번역을 할 수밖에 없다.

왕필본에 따라 지금까지 이 글귀는 이렇게 끊어 읽고 번역해 왔다.

民不畏威 則大威至

백성이 위엄을 두려워하지 않게 하면 큰 위엄을 갖게 된다.
백성이 (임금의) 위엄을 두려워하지 않으니 곧 큰 위엄이 이른다.

위엄을 두려워하지 않는데 무슨 '큰 위엄'이 이를 수 있다는 말인가? 뭔가 오묘한 것 같지만 말이 안 되지 않는가. 이 글귀는 민비民不 외위畏威 칙대則大 위지威至라고 끊어 읽어야 한다.

민비民不에서 不는 '클 비'다. 비丕와 같은데 '으뜸'이란 뜻이다. 따라서 민비民不는 '백성이 으뜸'이라는 말이다.

외畏는 '두려워할 외'인데 '삼가고 조심하다'는 뜻이 있다. 위威는 '위엄 위'가 아니라 '으를 위'다. 위협한다는 말이다. 따라서 외위畏威는 '(백성) 으르기를 삼가라'가 된다. 백성들을 두려움에 떨게 하며 억누르는 것은 좋은 정치가 아니라는 말이다.

칙則은 '곧 즉'이 아니라 '법칙 칙'이다. 법法을 쓰지 않고 칙則을 쓴 것은 사법체계 속의 성문법만이 아니라 모든 사회제도와 준칙을 가리키려 했기 때문일 것이다. 대大는 '거칠 대'다. 촘촘하지 못하고 듬성듬성 성기며 흐리멍덩하다는 것이니 칙대則大는 '법제도가 성기고 허점이 많다'는 말이다.

위威는 '으를 위', 지至는 '지극할 지'이니 위지威至는 백성을 으르고 협박하는 일이 극에 달했다는 말이다. 그러므로 칙대즉대則大 위지威至는 '법제도가 성기니(허점이 많으니) (관리들의) 위협이 지극하다(극에 달했다)'로 옮긴다.

이런 이야기를 하는 것을 보면, 그 시대의 관리들도 법제도의 허점을 이용하여 사리사욕을 채우는 데 혈안이 돼 있었던 것 같다. 제후나 벼슬아치들의 억압과 수탈을 견디지 못하고 이리저리 달아나는 사람들도 많았을 것이니 노자가 다음과 같은 말을 하는 것도 참으로 마땅하다.

○ 無狎其所居

다들 이 글귀를 '그들이 거주하는 바(사는 곳)를 업신여기지 말라'고 옮긴다. 압狎을 '업신여길 압'이라고 보았기 때문이다. 그리고 백성들이 초라한 오두막에 산다고 하여 천하다고 무시하지 말라는 뜻이라고 한다. 좋은 말이다.

그러나 살고 있는 집이 허술하고 초라한 것이 문제가 되는 것은 아니다. 부와 권력, 입신과 양명을 좇지 말고 제 한 몸이나 지키라는 말에 따른다면, 토굴을 파고 살더라도 마음 편히 사는 것이 중요할 터다. 그런데 날이면 날마다 관리들이 으르고 빼앗아간다면 사는 게 어찌 산다고 할 수 있겠는가.

여기에서 압狎은 '업신여길 압'이 아니라 '편안할 압'이다. 따라서 무압無狎은 '편안함이 없다'가 된다. 기其는 '어찌'라는 의문대사이다. 그러므로 이 글귀는 "편안함이 없다면 어찌 거주할 바이겠는가"라는 뜻이다. 제 한 몸 편히 뉘고 실 수 없다면, 제아무리 화려한 집이라 하더라도 거주할 바가 되지는 못할 것이다.

○ 無厭其所生夫

염厭은 '싫어할 염'이 아니라 '마음에 찰 염'이다. 만족한다는 말이다.

부夫는 감탄사다. 따라서 이 글귀는 "만족함이 없다면 어찌 사는 바이 겠느냐"의 뜻이다. 덧붙일 것이 없는 마땅한 말이다. 누구나 알고 누구나 할 수 있는 쉬운 말이다.

○ 唯不厭 是以不厭

여기에서 厭은 '누를 엽'이다. 따라서 불엽不厭은 '누르지 말라', 곧 백성을 억압하지 말라는 뜻이다.

시이비염是以不厭에서 不는 '클 비', 厭은 '마음에 찰 염'이다. 따라서 이 글귀는 "억압하지 말라. 이로써 크게 만족한다"가 된다.

참으로 간결하고도 옳은 말이 아닌가? 억압과 폭정을 행하지 않으면 백성들이 크게 만족한다는 것은 동서고금이 다르지 않다.

○ 是以聖人自知不自見

자지自知를 '자신을 알다'고 풀이하는 이들이 많으나 틀렸다. 고대 한어漢語를 기록한 한문은 우리말과 달리 동사 뒤에 목적어가 와야 한다. 여기에서 자自는 '좇을 자'다. 지知는 '깨닫다'는 뜻이다. 따라서 자지自知는 '(스스로) 깨달음을 좇다'는 말이다.

부자견不自見에서 견見은 '볼 견'이 아니라 '견해 견'이다. 여기에서는 다른 이의 견해 또는 학설을 가리킨다. 따라서 부자견不自見은 '(남의) 견해나 학설을 좇지 않는다'는 말이다. 성인은 남의 견해를 맹종하지 않으며 스스로 세상 이치를 궁구窮究하여 깨닫는다는 말이다.

○ 自愛不自貴

자애自愛는 '사랑을 좇다'는 말이다. 여기에서 애愛는 백성에 대한 사랑을 가리킨다. 백성이 으뜸[民不]이니 모든 정책과 행정은 백성을 소

중히 여기고 사랑하는 마음으로부터 나와야 한다는 것이다.

귀貴는 '높은 지위', 또는 '높은 사람'을 가리킨다. 따라서 부자귀不自貴는 '높은 지위를 좇지 않다'는 말이다.

그러므로 이 글귀는 "(백성이 으뜸이니 그들을) 사랑함을 좇아야지 높은 사람(지위)을 좇지 않다"고 옮겨야 한다. 아래로 백성들을 사랑할 일이지 내가 출세하려고 높은 이들에게 줄을 대거나 그들을 맹종하는 일은 하지 않는다는 말이다.

○ 故去彼取此

거피취차去彼取此[28]는 저것을 버리고 이것을 취하라는 말이다. 버릴 것은 남의 견해를 맹목으로 따르는 일, 내 한 몸 입신양명하려고 하는 것이다. 취할 것은 백성들 삶을 간섭하고 억누르는 높은 지위에 오르려 하지 않고, 오로지 백성을 사랑하는 마음을 지니는 일이다.

힘 있는 자들이 벌이는 세력 다툼 속에 희생당하는 백성들에게 노자가 시류에 휩쓸리지 말라고 신신당부하는 모습이 눈에 선하다.

---

28) 제12장에도 나온 바 있다.

제73장 하늘 이법은 엉성해 보이나 놓침이 없느니라

용감하다는 것이 감히 함에 기댄 것이라면 그런 용기는 지우소서.

용 어 감 즉 살 용
勇 於 敢 則 殺 勇

아아! 감히 하지 않는다면 살 터인데!

오 불 감 즉 활
於 不 敢 則 活

이 둘은 어떤 이가 이익이고 어떤 이가 손해인가?

차 량 자 혹 리 혹 해
此 兩 者 或 利 或 害

(노자가 답하기를) 하늘이 모진 바이니 누가 그 까닭을 알겠나이까.

천 지 소 악 숙 지 기 고
天 之 所 惡 孰 知 其 故

이 때문에 성인은 (잘난 척하며 감히 나서는) 이를 나무라기 망설이나이다.

시 이 성 인 유 난 지
是 以 聖 人 猶 難 之

하늘 이법을 따르소서. 논쟁하지 말고 (논박을) 견딤을 옳게 여기소서.

천 지 도 부 쟁 이 선 승
天 之 道 不 爭 而 善 勝

(내 생각을) 말하지 말고 (남을) 따름을 옳게 여기소서.

불 언 이 선 응
不 言 而 善 應

부르지 않아도 (어진 선비들이) 스스로 올 것이옵니다.

부 소 이 자 래
不 召 而 自 來

(하늘 이법은) 느슨한 것 같지만 좋은 꾀이옵니다.

단 연 이 선 모
繟 然 而 善 謀

하늘 이법은 넓고도 넓어서 성길지라도 놓치지 않사옵니다.

천 망 회 회 소 이 불 실
天 網 恢 恢 疏 而 不 失

이 장은 두 사람이 나눈 대화다. 이 장을 대화나 문답구조로 보지 않으면 글귀들이 따로 놀아서 논리의 연관성이나 완결성을 찾기 어려워지고 마침내 노자의 본디 뜻과는 전혀 다른 풀이가 나오게 된다.

O **勇於敢則殺勇**

용勇은 '용감 용, 용감할 용'이다. 어於는 '기댈 어'다. 의거한다는 뜻이다. 감敢은 '감히 할 감'이다. 주제넘는 말이나 행동을 한다는 뜻이다. 따라서 용어감勇於敢은 '용감함이란 것이 감히 함에 의거하다'는 말이니, 제 주제나 분수도 모르고 위험을 무릅쓰며 용감한 척 나서는 것을 말한다.

살殺은 '지울 살'이다. 주제넘게 나서는 용기는 진정한 용기가 아니라 만용蠻勇이니, 그런 용기는 지우라(殺勇)는 말이다.

돈과 지위와 명예를 얻는 일이라면 주제넘게 만용을 부리며 나선다. 그것이 죽을 길인 줄도 모르고 용감한 척, 잘난 척 나선다. 죽을 길을 찾아 들어가니 바로 위為다.

O **於 不敢則活**

여기에서 於는 '오홉다 할 오'다. '아아'하고 탄성을 지르거나 탄식하는 말이니 감탄사다. 따라서 이 글귀는 "아아, 감히 하지(주제넘게 나서지) 않는다면 살 터인데!"라는 뜻이다.

O **此兩者或利或害**

혹或은 '혹이 혹'으로, '어떤 사람이'라는 뜻이다. 리利는 '이 리'이며,

184

이익이란 말이다. 해害는 '해 해', 곧 손해란 말이다. 따라서 이 글귀는 "이 둘 가운데 누가 이익이고 누가 손해인가"라는 뜻이다.

이 글귀는 강의를 듣던 제후가 늙으신 선생님께 던진 질문이었을 것이고 노자는 이렇게 대답했을 것이다. 주제넘게 돈과 명예와 권력을 좇다 죽거나 다친 사람은 이익을 본 것인가, 손해를 입은 것인가? 세상 명리名利를 물리치고 뒤로 물러나 제 한 몸 보전한 사람은 이익을 본 것인가, 손해를 본 것인가?

그러나 제후도 물러서지 않는다. 세상 명리를 좇는다고 해서 반드시 다치고 죽게 되는 것은 아니지 않느냐, 그 까닭은 무엇이냐고 했을 것이다. 명리를 물리치고 뒤로 물러나 제 한 몸 간수하려 한들 세상이 그냥 두지 않을 수도 있을 터이다. 오히려 삶이 가난하고 쪼들릴 터이니 그 까닭은 무엇이며, 그것이 어찌 이익이 되겠느냐고 물었을 것이다.

○ 天之所惡 孰知其故

노자가 대답한다. "하늘이 모진 바[天之所惡]이니 누가 그 까닭을 알겠는가[孰知其故]?"

이때 惡을 '미워할 오'로 새겨 '하늘이 미워하는 바'라고 옮기는 일이 많은데 그렇지 않다.

악惡은 '모질 악'이다. 성품이 악하다는 뜻이 아니다. 제5장에 나온 천지불인天地不仁을 기억할 것이다. 여기서 '불인不仁'은 어질지 않음이 아니라 무심함이었다. 오로지 하늘의 이법理法이 있을 뿐 백성의 삶에 끼어들지 않는다는 것이다.

하늘이 모질다는 것도 그러하다. 하늘[天]은 자연 이법이다. 그에 따른 질서가 있을 뿐이지 선善을 보상하거나 혜택을 베풀지 않으며, 악惡을 응징하지도 않는다. 인간의 이해利害나 화복禍福을 주과하지 않으니 약삭빠르게 세상명리를 따라 움직이는 사람이 잘 먹고 잘 살기도 하고, 뒤로 물러나 제 한 몸이나 제대로 간수하려는 사람이 더 큰 해를 입기도 한다. 하늘이 모질다는 말은 바로 이것을 두고 하는 말이니 "하늘도 무심하시지…"하는 탄식과 같은 뜻이다. 하늘이 무심하고 불인하며 모진 까닭을 누가 알 수 있겠는가[孰知其故]?

○ 是以聖人猶難之

유猶는 난지難之를 목적구로 취하는 동사다. '망설일 유'다. 난難은 '나무랄 난'이다. 따라서 이 글귀는 "그래서 성인은 이를 나무라기를 망설인다"는 말이다. 제 분수를 알고 조용히 뒤로 물러나는 사람이 오히려 힘들고 어렵게 사는 까닭은 무엇이냐는 질문에는 성인도 뚜렷한 답을 내놓기 어렵다. 제 주제를 모르고 날뛴다 하더라도 먹고살려고 하는 일인데 그걸 나무라기는 어렵다는 것이다. 하늘은 무심하고 모질기[天之所惡]까지 한 때문이다.

○ 天之道

이 글귀는 '하늘의 도'라는 뜻이 아니다. 본디 도천道天인데 도道의 목적어인 천天을 강조하려고 앞으로 끌어내면서 그것이 목적어임을 알려 주는 구조조사 지之가 붙은 것이다. 천天은 '하늘'이라는 공간을 가리키는 것이 아니라 자연 이법을 가리키는 말이다. 도道는 '말미암을 도'다. '좇다, 따르다'는 뜻이다. 따라서 이 글귀는 "자연이법을 따르라"는 명령문, 또는 청유문이다.

○ 不爭而善勝

쟁爭은 '다툴 쟁'인데 '말다툼하다', 곧 논쟁하다는 뜻이다. 선善은 '옳게 여길 선'이다. 승勝은 '이길 승'이 아니라 '견딜 승'이다.

따라서 이 글귀는 "말다툼(논쟁)하지 말고 (나와 뜻이 다른 이가 하

186

는 공격을) 견딤을 옳게 여기라"는 말이다.

○ 不言而善應

언言은 '말할 언'인데 '말로 나타내다, 표현하다'는 뜻이다. 응應은 '응할 응'인데 '대답하다'는 뜻이 아니라 '따르다'는 뜻이다.

따라서 이 글귀는 "(내 의견을) 말하지 말고 (남의 의견을) 따름을 옳게 여기라"는 말이다. 내 뜻을 고집하기보다는 남의 뜻에 귀를 기울인다면 말다툼할 일도 없을 것이다.

○ 不召而自來

이 글귀는 명령문이나 금지문이 아니다. 하늘 이법을 따르고 여러 사람들의 말을 귀기울여 듣는다면 선비들을 부르지 않아도〔不召〕 스스로 찾아올 것〔自來〕이라는 말이다. 선비들을 가벼이 내치지 않는 임금이라면 선비들을 초빙하려고 애쓰지 않아도 스스로 찾아와 몸을 맡기게 될 것이라는 뜻이다.

○ 繟然而善謀

단繟은 '느슨할 단'이다. 연然은 '형용어사 연'인데 상태를 나타내는 접미사다. 따라서 단연繟然은 '느슨하다, 느슨한 것 같다'는 말이다. 선善은 '좋을 선', 모謀는 '꾀 모'이니 선모善謀는 '좋은 꾀'라는 뜻이다. 하늘 이법을 따르는 일은 느슨하고 엉성한 것 같지만, 내 본성을 지킬 수 있을 뿐만 아니라 인재들도 불러 모을 수 있는 훌륭한 꾀라는 말이다.

○ 天網恢恢

망網은 '그물 망'이지만 '법률, 형벌, 제재'를 뜻하는 말로 쓰기도 한다. 법망法網이라는 말을 생각해 본다면 곧 알 수 있을 것이다. 따라서 천망天網은 '하늘의 법률', 곧 '하늘 이법'을 가리킨다. 회회恢恢는 매우 크고 넓어 온 세상에 닿지 않는 곳이 없다, 모든 것을 포용할 만한 여유가 있다는 말이다.

그러므로 이 글귀는 "하늘 이법은 넓고도 넓(어 닿지 않는 곳이 없)다"가 된다.

○ 疏而不失

그런데 드넓게 펼쳐진 이 '하늘 이법'이란 그물은 성기고 듬성듬성하다[疏]. 물 흐르듯 놓아둘 뿐, 간섭하거나 규제하지 않으니 참으로 엉성하다. 그래서 어수룩한 것 같고 다 빠져나갈 것 같지만 결코 놓치지 않는다[不失]. 세상 어떤 사물과 현상이라도 하늘 이법이 닿지 않는 곳은 없기 때문이다.

제74장 지님은 근심이니 덜고 깍아낼지니라

백성이 으뜸이라. 죽이기를 삼가라. 어찌하여 죽임으로써 백성들을 으르는가?

민 비 외 사 내 하 이 사 구 지
民 不 畏 死 奈 何 以 死 懼 之

늘 백성들로 하여금 죽음을 두려워하게 하고 속임수를 지어낸다면,

약 사 민 상 외 사 이 위 기 자
若 使 民 常 畏 死 而 爲 奇 者

나는 (그런 일을) 막고 줄여 없애는 일을 덕으로 여기노라. 누가 과단성이 있는가?

오 덕 집 이 쇄 지 숙 감
吾 得 執 而 殺 之 孰 敢

일찍이 벼슬이 있었노라. 덜 것은 덜진저.

상 유 사 쇄 자 쇄 부
常 有 司 殺 者 殺 夫

벼슬 제도를 바꾸라. 지워 없앨 것은 없애라.

대 사 쇄 자 쇄
代 司 殺 者 殺

바로잡아 이르노니 큰 궁리(제도)를 바꾸고 깎을진저.

시 위 대 대 장 착 부
是 謂 代 大 匠 斲 夫

큰 궁리를 바꾸고 깎아 줄이는 이는 드물도다.

대 대 장 착 자 희
代 大 匠 斲 者 希

가진 것이 크구나. 그 쥔 것을 근심할지니라.

유 비 상 기 수 의
有 不 傷 其 手 矣

○ 民不 畏死

다들 이 글귀를 민불외사民不畏死로 읽어 '백성들이 죽음을 두려워하지 않는다'고 옮기지만, 죽음을 두려워하지 않는 사람은 없다.

이 글귀는 민비民不 외사畏死로 끊어 읽어야 한다. 제72장에서 이미 나왔다시피 비不는 '클 비'이며 '으뜸'이란 뜻이다. 외畏는 '두려워할 외'인데 '삼가고 조심하다'는 뜻이다. 사死는 '죽을 사'가 아니라 '죽일 사'다.

따라서 민비民不는 '백성이 으뜸'이란 말이며, 외사畏死는 '죽이기를 삼가라'는 명령문이다. 백성이 가장 존귀하니 함부로 죽임으로써 백성을 공포에 떨게 하지 말라는 말이다.

○ 奈何以死懼之

내하奈何는 '어찌하여'이다. 구懼는 '으를 구'로 위협한다는 말이다. 지之는 민民을 가리키는 대사다.

따라서 이 글귀는 "어찌하여 죽임으로써 백성들을 으르는가?"라는 뜻이다. 백성이 으뜸이니 죽이기를 삼가야 할 터이다. 그런데 내 말을 듣지 않으면 죽여 버리겠다고 으르는 까닭이 무엇이냐고 꾸짖는 말이다.

○ 若使民常畏死而爲奇者

약若은 '너 약'이다. 사使는 '부릴 사'인데 '~으로 하여금 ~하게 하다'는 뜻이다. 외畏는 '두려워할 외'다. 앞에서는 '삼가고 조심하다'는 뜻이지만, 여기에서는 '무서워하다'는 뜻으로 쓴 것이다. 사死 또한 앞에서 쓴 것과는 다르게 '죽음 사'이다. 따라서 약사민상외사若使民常畏死는 '백성으로 하여금 늘 죽음을 두려워하게 한다'는 뜻이다.

이때 이而는 순접이나 병렬을 나타내는 접속사다. 위爲는 '지을 위',

기奇는 '속임수 기'다. 자者는 가정이나 조건을 나타내는 어기조사다. 따라서 위기자爲奇者는 '속임수를 짓는다면'이란 뜻이다.

그러므로 이 글귀는 "네가 백성들로 하여금 늘 죽음을 두려워하게 하고 속임수를 짓는다면"이란 뜻이다.

○ 吾得執而殺之

그러나 나[吾]는 그리 하지 않겠다는 것이다. 得은 '얻을 득'이 아니라 '덕으로 여길 덕'이다. 집執은 '막을 집'이다. 따라서 오덕집吾得執은 '나는 막음을 덕으로 여긴다'는 말이다. 백성들이 권력자의 칼날 아래 죽을까 두려워하게 하거나, 속임수를 지어내어 백성을 으르대는 일을 막을 것이며, 그것을 덕으로 여기겠다는 말이다.

이而는 순접, 또는 병렬을 나타내는 접속사다. 殺은 '덜 쇄', 또는 지울 살'이다. 줄이거나 없앤다는 말이다. 지之는 '말을 듣지 않으면 죽이겠다고 으르며 속임수를 짓는 일'을 가리키는 대사다.

따라서 이 글귀는 "나는 죽을 두려움에 백성들을 떨게 하고 속임수를 지어내어 백성을 으르는 일을 덜겠다(없애겠다)"가 된다.

○ 執敢

"누가 (더) 과감한가?"하는 뜻이다. 백성을 죽이겠다고 으르대며 속임수를 지어내는 너와 그런 일을 막고 없애려는 나 가운데 누가 더 과단성 있으며 용감하다는 것이다. 마땅히 후자일 것이다.

○ 常有司 殺者殺夫

상常은 '일찍 상'이다. 상嘗과 같으며 '일찍이'다는 뜻이다. 유有는 '생기다, 일어나다'이다. 사司는 '벼슬 사'이니 '관직'이란 뜻이다. 따라서 상유사常有司는 '일찍이 벼슬(관직)이 생겨났다'는 말이다.

살殺은 '지울 살'이다. '덜 쇄'이기도 하다. 자者는 앞말을 명사구로 만들어주는 특수대사다. '~하는 것, ~하는 이'로 옮길 수 있다. 따라서 살자살(또는 쇄자쇄)殺者殺은 '지울 것은 지우라'나 '덜 것은 덜라'는 말이다. 덩치만 크고 화려한 기구나 제도를 바꾸고 쓸데없는 관직은 없애라는 얘기다. 부夫는 '진저 부'라고 새기는 감탄사다.

○ 代司 殺者殺

대代는 '바꿀 대', 사司는 '벼슬 사'이니 대사代司는 '벼슬(관직제도)을 바꾸라'는 명령문이다. 살자살(또는 쇄자쇄)殺者殺은 위에서 말한 바와 같다.

○ 是謂代大匠 斲夫

시是는 '바로잡을 시', 위謂는 '이를 위'이니 시위是謂는 '바로잡아 이르다'는 말이다. 바꾸어 말을 한다면 이렇게 할 수도 있다는 것이다.

대代는 '바꿀 대'라고 했다. 동사가 먼저 나오니 이 글귀는 '대장大匠을 바꾸라'는 명령문, 또는 청유문이다. 이때 대장大匠은 '큰 목수'나 '훌륭한 목수', 또는 '도편수'를 가리키는 말이 결코 아니다. 한자가 지닌 다의성多義性은 생각하지 않고 흔히 하듯이 장匠을 '장인 장', 곧 '목수'라고만 생각하니 벌어진 일이다. 장匠은 '궁리 장'이다. 고안考案이란 말이다. 따라서 대장大匠은 '큰 고안', 곧 법령, 제도, 기구 등을 크고 엄격하게 만들려고 궁리하는 일을 말한다. 그러므로 대대장代大匠은 '큰 궁리(고안)를 바꾸라'는 말이다.

착斲은 '깎을 착'이다. 부夫는 '진저 부'로 감탄사다. 따라서 착부斲夫는 '깎을진저', 또는 '깎을지니라'고 옮길 수 있다.

다음 글귀도 오랜 세월 동안 잘못 읽어온 글귀다. 끊어 읽기를 잘못했을 뿐만 아니라 한자가 지닌 다의성多義性을 생각하지 않았기 때문이다. 이 글귀는 아래와 같이 끊어 읽어야 한다.

○ 代大匠斲者希

자者는 앞에서 한 말을 받는 특수대사이니 대대장착자代大匠斲者는 '큰 궁리(고안)을 바꾸어 깎는 것'이다. 또는 그리하는 일이나 사람을 가리킨다. 희希는 '드물 희'다. 따라서 이 글귀는 "큰 궁리를 바꾸어 깎는 이(것, 일)가 드물다"는 말이다. 기구나 관직을 깎고 덜어내어 단순하게 만드는 일은 드물다는 것인데 이는 지니고 있는 명리名利도 마찬가지다.

○ 有不 傷其手矣

유有는 '소유 유'다. 不는 '아닐 불'이 아니라 '클 비'다. 따라서 유비有不는 '소유가 크다'는 말이다. 지위가 높고 재산이 많으며 지닌 권력이 크다는 얘기다.

상傷은 '근심할 상'이며, 수手는 '쥘 수'다. 따라서 상기수傷其手는 '그 쥔 것을 근심하라'는 말이다. 손에 쥔 것이 크다고 해서 반드시 행복한 것은 아니다. 재산, 명예, 지위 따위가 제 목숨을 노리는 칼이 될 수도 있는데 어찌 근심하시 않을 수 있겠는가. 크고 임격한 제도를 덜고 깎아야 함은 말할 것도 없지만, 내가 지닌 것도 줄이고 덜어야 큰 근심을 피할 수 있을 것이다.

제75장 목숨을 귀히 여길지니라

백성들이 굶주리는 것은 아마도 조정이 세금 받아먹기를 아름답게 여기기 때문이리라.

민 지 기 이 기 상 식 세 지 다
民之饑 以其上食稅之多

이 굶주림을 바로잡으라. 백성들이 정사를 물리치는 것은

시 이 기 민 지 난 치
是以饑 民之難治

아마도 조정이 유위有爲에 이르렀기 때문이리라. 이렇게 정사를 거부하는 일을 바로잡으라.

이 기 상 지 유 위 시 이 난 치
以其上之有爲 是以難治

백성들이 경솔한 죽음에 이르는 것은 아마도 풍요로운 삶을 탐내기 때문이리라.

민 지 경 사 이 기 구 생 지 후
民之輕死 以其求生之厚

이렇게 경솔한 죽음을 바로잡을진저.

시 이 경 사 부
是以輕死夫

비록 허무하더라도 목숨을 위하여 꾀함이 현명하도다.

수 무 이 생 위 자 시 현
唯無 以生爲者是賢

아아! 목숨을 귀히 여길지니라.

오 귀 생
於 貴生

○ 民之饑

지지之는 '이를 지'다. 기饑는 '주릴 기'인데 여기에서는 명사로 전성되어 '굶주림'이란 뜻으로 쓴 것이다. 또는 지之를 주술구조에 들어가 절이나 구를 만들어주는 구조조사로 볼 수도 있다.

따라서 이 글귀는 "백성들이 굶주림에 이르다", 또는 "백성들이 굶주리다"는 뜻이다.

○ 以其上食税之多

이以는 까닭을 나타내는 전치사이니 이 글귀는 백성들이 굶주리게 된 까닭을 말하는 글귀다. 기其는 추측을 나타내는 부사다. 식세지다食税之多는 도치된 글월이다. 다多는 '아름답게 여길 다'인데 그 목적어인 식세食税가 앞으로 나가면서 그것이 목적어임을 알려 주는 구조조사 지之가 붙은 것이다.

목적어	구조조사	타동사	타동사	목적어
食税	之	多	多	食税
세금 받아먹기	~을/를	아름답게 여기다	아름답게 여기다	세금 받아먹기

따라서 식세지다食税之多는 '세금 받아먹기를 아름답게 여기다'는 말이다. 그렇다면 이 글월의 주어인 상上은 누구를 가리키는 말일까? 세금을 받는 주체, 바로 조정朝廷이다. 그러므로 이 글귀는 "아마도 조정이 세금 받아먹기를 아름답게 여기기 때문일 것"이란 말이다.

○ 是以饑

시是는 '바로잡을 시'다. 이以는 지시대사다. '이, 이것, 이렇게' 등으로 옮길 수 있다. 이때 기饑는 '주림, 굶주림'이란 명사로 전성된 것이다.

따라서 이 글귀는 "이 굶주림을 바로잡으라"는 뜻이다. 세금은 백성들 주머니에서 나온다. 백성들은 먹고 살기도 빠듯한데 조정 관리들은 그 주머니를 털어 세금 받아먹기를 아름답게 여긴다. 지나친 세금을 매겨 백성들을 쥐어짜니 백성들이 굶주릴 것은 뻔하다. 바로 이런 일을 바로잡아 백성들을 굶주리지 않게 하라는 것이다.

○ 民之難治

지之는 '이를 지'이고, 난難은 '물리칠 난'이다. 거부한다는 말인데 이 또한 명사로 전성되었다. 이때 치治는 '정사政事 치'다. 정치, 또는 행정을 가리킨다. 따라서 이 글귀는 "백성들이 정사를 물리침에 이르다"는 뜻이다. 국가나 조정의 행정 사무나 정책을 거부한다는 말이다.

난難을 '나무랄 난'으로 보아도 좋을 것이다. 이때는 백성들이 나라의 정사를 비난하며 불평불만을 늘어놓는다는 말이 될 것이다.

○ 以其上之有爲

여기에서 이以도 까닭을 나타내는 전치사다. 백성들이 국가나 조정의 행정 사무를 거부하는 까닭은 기상지유위其上之有爲하기 때문이라는 말이다. 이때 기其는 추측을 나타내는 부사, 상上은 조정朝廷을 가리키는 말이며 지之는 '이를 지'다.

따라서 이 글귀는 "아마도 조정이 유위有爲에 이르렀기 때문일 것이다"는 뜻이다. 유위有爲는 무위無爲의 반대말이니, 꾸미고 '체'하여 순리를 거스르는 일을 말한다. 말하자면 백성들이 권력자의 권위나 국가 정책을 거부하고 비난하는 까닭은 조정이 순리를 거스르기 때문이라는 것이다.

○ 是以難治

시是는 '바로잡을 시', 이以는 '이렇게'라는 지시대사다.

따라서 이 글귀는 "이렇게 정사를 물리치는(비난하는) 일을 바로잡으라"는 말이다. 힘을 써서 강제로 복종하게 하라는 것이 아니다. 백성들이 정사를 거부하는 까닭은 그 정사가 유위有爲(=역리逆理)에 이른 까닭이니, 이는 마땅히 무위無爲(=순리順理)로써 바로잡을 일이다.

○ 民之輕死

이미 나와 있는 여러 풀이는 이 글귀를 '백성들이 죽음을 가볍게 여기는 것' 또는 '백성들이 가볍게 죽는 것'이라고 옮기고 있는데 좀 이상하다. 죽음을 가벼이 여기거나 가벼이 죽으려 하는 사람은 세상에 없기 때문이다.

지之는 '이를 지'라는 동사다. 또는 주술구조 글월을 구나 절로 만드는 구조조사로 볼 수도 있다. 경輕은 '가벼울 경'인데 '경솔하다'는 뜻이다. 사死는 '죽음 사'다.

따라서 이 글귀는 "백성들이 경솔한 죽음에 이르다", 또는 " 백성들이 경솔하게 죽는 것"이라는 뜻이다. 사람에게 가장 중한 것이 목숨인데, 저 죽는 일인 줄도 모르고 섣불리 죽을 길로 들어선다는 것이다.

○ 以其求生之厚

이렇게 백성들이 저 죽을 줄도 모르고 경솔히 나서다 죽음에 이르는 까닭을 말하고 있다. 이以는 까닭을 나타내는 전치사, 기其는 추측 부사다. 구求는 '탐낼 구'다. 따라서 이 글귀는 "아마도 생지후生之厚를 탐내기 때문일 것이다"는 말이다.

생지후生之厚는 후생厚生29)이 도치된 것이다. 후厚는 '두터이 할 후',

생生은 '생계 생'인데 후厚의 목적어인 생生이 앞으로 나가면서 그것이 목적어임을 알려주는 구조조사 지之가 붙은 것이다. 따라서 생지후生之厚는 먹고 사는 일을 넉넉하고 윤택하게 한다는 말이다.

목적어	구조조사	타동사		타동사	목적어
生	之	厚	←	厚	生
생계	을/를	두터이 하다		두터이 하다	생계

사람이라면 누구나 사는 일이 넉넉하기를 바란다. 그러나 그것이 탐욕에 이르게 된다면, 윤리도덕은 말할 것도 없고 마침내 순리를 거슬러서라도 제 욕심을 채우려 할 것이다. 죽을 길인 줄도 모르고 섣불리 뛰어드니 바로 경솔한 죽음에 이르게 된다.

○ 是以輕死夫

시是는 '바로잡을 시'다. 이以는 지시대사, 부夫는 감탄사다. 따라서 이 글귀는 "이 경솔한 죽음을 바로 잡을진저"라는 뜻이다.

○ 唯無

유唯는 '비록 수'다. 수雖와 같다. 무無는 '없을 무'인데 '공허하다, 허무하다'는 뜻이다.
따라서 이 글귀는 "비록 허무하더라도"라는 뜻이다. 목숨을 이어가는 일, 살아가는 일은 허무한 일이다. 잠시잠깐 살다가 스러지는 목숨이니 이 어찌 허무하지 않겠는가.

---

29) 살림을 꾸릴 방도, 살아가는 형편, 또는 생활을 넉넉하고 윤택하게 하는 일

○ 以生爲者是賢

이以는 생生이 위爲의 목적어임을 나타내는 전치사다.[30] 자者는 특수 대사다. 앞말 이생위以生爲의 수식을 받아 앞말 전체를 명사구로 만들어 준다. '~하는 것, ~하는 사람'이라는 뜻이다. 이때 생生은 '목숨 생', 위爲는 '위하여 할 위'다. '~을 위하여 꾀하다. ~을 위하여 행하다'는 말이다.

따라서 이생위자以生爲者는 위생자爲生者와 같고 '목숨을 위하여 꾀하는 사람'이라는 뜻이다.

시是는 계사繫辭[31]로 쓴 것이다. '~이다'로 번역한다. 이때 주사主辭는 이생위자以生爲者이며 빈사賓辭는 현賢이다. 현賢은 '어진 이 현'이다.

주사				계사	빈사
전치사	명사	타동사	특수대사		명사
以	生	爲	者	是	賢
을/를	목숨	위하여 하다	~하는 것/사람	~이다	어진 이

따라서 이 글귀는 "목숨을 (지키기) 위해 꾀하는 이가 현명한 이"가 된다. 세상에 그 무엇과도 바꿀 수 없는 것이 목숨이니 목숨 지키기를 먼저 생각하는 것이 가장 현명한 일이라는 것이다.

○ 於 貴 生

어於는 어기조사가 아니라 감탄하며 찬미할 때 내는 소리인 '오홉다

---

30) 《論語》〈述而〉篇, 子以四敎文行忠信 : 공자께서 네 가지를 가르치시니, 문文, 행行, 충忠, 신信이었다.

31) 주사主辭와 빈사賓辭를 이어서 긍정 또는 부정을 나타내는 말이다. 보기를 든다면 'A는 B이다,' 'A는 B가 아니다'라는 판단에서 A는 주사, B는 빈사이며, '~이다', '~이 아니다'를 계사(copula)라고 한다. 한문에서는 시是, 위爲, 왈曰 등이 이에 해당한다.

200

할 오'라는 감탄사로 쓴 것이다. '아아!'라고 옮길 수 있다. 귀貴는 '귀히 여길 귀', 생生은 '목숨 생'이다.

따라서 이 글귀는 "아아! 목숨을 귀히 여길지니라"는 뜻이다.

제76장 유약柔弱이 견강堅强보다 나으니라

사람의 목숨이여! 연약하도다.

인 지 생 야 유 약
人之生也 柔弱

장차 죽으리니 (그러고 나면) 굳고 단단하구나.

기 사 야 견 강
其死也堅强

재물이 많아도 풀나무의 목숨이로구나. 연약
하도다.

만 물 초 목 지 생 야 유 취
萬物草木之生也 柔脆

장차 죽으리니 마른 섶이로구나.

기 사 야 고 고
其死也枯槁

그러므로 단단하고 강한 것은 죽은 무리요,

고 견 강 자 사 지 도
故堅强者死之徒

부드럽고 약한 것은 살아 있는 무리라.

유 약 자 생 지 도
柔弱者生之徒

그침을 옳게 여기라. 병장기는 나머지인즉, (군
대도 무기도 없는) 질박함보다 낫지 않으리라.

시 이 병 강 즉 불 승 목
是以 兵强則不勝木

나머지인즉 베풀라.

강 즉 병
强則共

강대함은 낮은 데에 처하고, 유약함은 높은
데에 처하느니라.

강 대 처 하 유 약 처 상
强大處下 柔弱處上

○ 人之生也 柔弱

지之는 '의 지', 생生은 '목숨 생'이다. 야也는 감탄을 나타내는 어기조사다. 따라서 인지생야人之生也는 '사람의 목숨이여!'라는 뜻이다.

유약柔弱은 '부드럽고 약하다'는 말이니 이 글귀는 "사람의 목숨이여! 연약하구나"는 말이다.

○ 其死也堅強

기其는 '장차'라는 뜻을 지닌 부사다. 여기에서 야也는 기其와 함께 쓰여서 추측을 나타내는데 감탄하는 느낌도 포함한다.

따라서 이 글귀는 "장차 죽으리니 (그러고 나면) 굳고 단단하리라"는 뜻이다.

○ 萬物草木之生也 柔脆

만萬은 '일만 만'인데 '많다'는 뜻이다. 물物은 '재물 물'이다. 따라서 만물萬物은 '(지닌) 재물이 많다'는 말이다. 초목지생草木之生은 '풀나무의 목숨'이다. 베이고 꺾이고 밟혀 쉽사리 죽을 수 있다는 말이다. 야也는 감탄을 나타내는 어기조사다. 유취柔脆는 '연약하다'는 뜻이다.

따라서 이 글귀는 "지닌 재물이 많아도 (그것은) 풀나무의 목숨이로구나! 연약하도다."로 옮긴다.

○ 其死也枯槁

기사야其死也는 앞에 나온 바와 같이 '장차 죽을 것이다'는 뜻이다. 고枯는 '마를 고', 고槁는 '짚 고'이니 고고枯槁는 '마른 짚(섶)'이란 말이다. 따라서 이 글귀는 "장차 죽으리니 (그러고 나면) 마른 섶이로구나"로 풀이된다.

아무리 지닌 것이 많다 하더라도 그것은 풀나무의 목숨과 같이 덧없는 것이다. 풀나무가 죽어 마르면 불쏘시개로 쓰는 마른 섶에 지나지 않게 되는 것처럼 내가 지닌 것도 죽고 나면 쓸모가 없다. 세상 어느 것도 목숨보다 귀하지 않다. 그렇다면 재산과 지식과 지위와 명예를 앞세울 것인가, 아니면 내 목숨 지키기를 먼저 할 것인가? 달리 대답할 필요도 없는 뻔한 질문이지만 우리는 때로, 아니 늘 그 물음에 대한 답을 잊고 사는 것 같다.

○ 故堅强者死之徒

여기에서 자者는 특수대사로 볼 수도 있고, 가정이나 조건을 나타내는 어기조사로 볼 수도 있다. 자者가 특수대사라면 '~하는 것, ~하는 사람'이라는 뜻이니 견강자堅强者는 '굳고 강한 것, 굳고 강한 사람'이란 말이다. 자者를 어기조사로 본다면 이는 '굳고 강하다면'이라는 뜻이 된다. 어느 쪽으로 보아도 뜻을 전하는 데 어려움은 없지만, 뒤에 나오는 '무리[徒]'라는 말로 보아 여기에 나오는 자者는 특수대사라고 보아야 할 것이다. 여기에서 지之는 형용사, 동사, 명사, 대사, 주술 구조 등의 뒤에 붙어서 그것을 관형어로 만들어주는 구실을 한다. 따라서 사지도死之徒는 '죽은 무리'라는 뜻이다.

그러므로 이 글귀는 "굳고 강한 것은 죽은 무리다"로 옮긴다.

○ 柔弱者生之徒

유약자柔弱者는 '부드럽고 여린 것', 생지도生之徒는 '산 무리'라는 뜻이다. 따라서 이 글귀는 "부드럽고 여린 것은 산(살아 있는) 무리"라는 말이다.

○ 是以

시是는 '옳게 여길 시'다. 이以는 '그칠 이'인데 여기에서는 '그침, 멈춤'이란 명사로 전성된 것이다.

따라서 이 글귀는 "그침을 옳게 여기라"로 옮긴다. 분수에 넘치게 채우려 하지 말고 넘치기 전에 그치는 것이 옳다는 말이다.

○ 兵强則不勝木

병兵은 '군사 병'이 아니라 '병장기 병'이다. 강强은 '나머지 강'이다. 따라서 병강兵强은 '병장기는 나머지,' 곧 쓸모없이 남아도는 것이라는 말이다. 승勝은 '이길 승'인데 '능가하다'는 뜻이다. '나을 승'으로 새겨도 같은 뜻이 될 것이다. 목木은 '나무 목'이 아니라 '질박할 목'이다.

따라서 이 글귀는 "병장기는 (쓸모없이 남아도는) 나머지인즉 (군대도 병장기도 없는) 질박함보다 낫지 못하다"는 말이다.

○ 强則共

공共은 '함께할 공', 또는 '베풀 공'이다. 따라서 이 글귀는 "나머지인즉 베풀어 함께하라"는 말이다.

이상하지 않은가. 내가 잘났다고 나서지도 말고, 남과 공을 다투지도 말고 뒤로 물러서는 것이 상책이라고 했는데 남아도는 병장기를 남들에게 주라는 것은 늙으신 선생님의 뜻과 전혀 맞지 않기 때문이다.

병장기는 사람을 죽이는 데 쓰는 도구다. 이런 병장기는 따지고 보면 쓰지 않고 버려두는 나머지와 같은 것이다. 그런데 병장기를 만드는 데 쓰는 쇠는 농기구를 비롯해 사람 사는 데 쓸모 있는 여러 가지 도구를 만드는 데 쓰기도 한다. 그렇다면 우리는 쇠를 써서 사람 죽이는 병장기를 만들 것인가, 사람들을 먹여 살리는 농기구를 만들 것인가? 마땅히 사람 살리는 농기구를 만들어야 옳을 것이다. 그러므로 "나머지를 베풀어 함께 한다"는 것은 쓸데없이 만들어 놓은 병장기를 여러 사람들에게 베풀어 다른 용도로 쓰게 하라는 말이다. 칼을 쳐서 보습으로!

○ 强大處下 柔弱處上

견강한 것은 죽은 무리〔堅强者死之徒〕라고 했다. 자라고 크는 것도 죽음에 다가서는 일이다. 유약한 것은 산 무리〔柔弱者生之徒〕다. 죽은 것은 땅에 묻히고 산 것은 땅을 딛고 산다. 견강한 것이 아래에 처하고〔强大處下〕 약한 것이 위에 처하는 것〔柔弱處上〕이 마땅하지 않겠는가.

제77장 남는 것을 덜어 모자란 것을 채우라

하늘의 도道는 아마도 활시위를 얹음과 같을 것이옵니다.

천지도 기유장궁여
天之道 其猶張弓與

높으면 누르고, 낮으면 들어 올리며,

고자억지 하자거지
高者抑之 下者擧之

남음이 있으면 덜고, 모자라면 보태옵니다.

유여자손지 부족자보지
有餘者損之 不足者補之

하늘 이법을 좇으소서. 남는 것을 덜어 모자란 것을 채우소서.

천지도 손유여이보부족
天之道 損有餘而補不足

인위人爲를 좇으니 그러하지 못하여,

인지도 즉불연
人之道則不然

모자란 것을 덜어 남아도는 것을 받들게 되나이다.

손부족이봉유여
損不足以奉有餘

(제후가 묻기를) 누가 (바로잡아) 남는 것으로써 천하를 받들 수 있겠는가?

숙능유여이봉천하
孰能有餘以奉天下

(노자가 대답하기를) 예. 도道를 지닌 이옵니다.

유 유도자
唯 有道者

그침을 옳게 여기소서. 성인은 다스릴 뿐이 아니옵니까.

시이 성인위이부
是以 聖人爲而不

일이 이루어졌다고 믿으면 벼슬자리에 머무르지 않으시오니 이 아마도 마음을 드러내 보이려 하지 않음일 것이옵니다.

시 공성이불처 기불욕현현
恃功成而不處 其不欲見賢

활을 만드는 마지막 단계에서 임시로 시위를 맨 뒤 활의 모양을 살펴 바로잡는 모습을 그리고 있다. 하늘의 도道를 활을 만드는 과정에 비유한 것이다. 이 장면은 강의 가운데 질문을 받아 대답하는 것으로 보인다.

○ 天之道 其猶張弓與

하늘의 도道는 아마도 장궁張弓과 같을 것이라는 말이다. 이때 장張은 '활시위 얹을 장'이고 장궁張弓은 시위를 얹은 활을 말하는데, 활을 다 만든 뒤에 시위를 걸어서 마지막으로 균형과 모양을 살펴보고 다듬어 바로잡는 일이다. 이때 여與는 '그럴까 여'다. 의문사 또는 추측사인 여歟와 통용된다.

따라서 이 글귀는 "하늘의 도道는 아마도 활시위를 얹음과 같으리라"가 된다. 하늘의 도는 활모양을 바로잡는 일과 같다는 뜻이다.

○ 高者抑之 下者擧之 有餘者損之 不足者補之

이 글귀는 활모양을 바로잡는 모습을 나타낸 것이다. 자者는 가정이나 조건을 나타내는 어기조사다. 그러므로 고자억지高者抑之는 '높다면 누른다', 하자거지下者擧之는 '낮다면 들어 올린다', 유여자손지有餘者損之는 '남는다면 덜어낸다', 부족자보지不足者補之는 '모자란다면 보탠다'는 뜻이다.

○ 天之道

이렇게 활을 바로잡는 것처럼 세상사의 균형을 잡으려 하는 것이 하늘의 도道이니 그 법도를 따르라는 명령문이다. 도道는 '좇을 도'다. 천

天은 '하늘 천'이다. 신앙의 대상이나 물리 공간인 '하늘'이 아니라 자연 이법을 가리키는 말인데 도道의 목적어다. 목적어 천天이 앞으로 나가면서 그것이 목적어임을 알려주는 구조조사 지之가 붙은 것이다. 따라서 이 글귀는 "하늘 이법을 좇으라"는 말이다.

○ 損有餘而補不足

이 글귀는 손유여損有餘와 보부족補不足이란 두 명령문을 순접을 나타내는 접속사 이而로 이은 것이다. 손損은 '덜다', 유여有餘는 '남음이 있다, 넉넉하다'는 뜻이니, 손유여損有餘는 '넉넉한 것을 덜라'는 말이다.

보부족補不足은 '모자란 것을 보태라'는 말이다. 넉넉한 것을 덜어내어 모자란 곳에 보태는 것이 마땅하기 때문이다.

○ 人之道則不然

인人은 '사람 인'이지만 여기에서는 '사람'을 가리키는 말이 아니다. 하늘이 하는 일, 하늘 이법인 자연自然(본디 그러함)이 아닌 부자연不自然을 이르는 말이니 '사람이 하는 일', 또는 인위人爲를 가리킨다.

따라서 이 글귀는 "인위人爲를 따른즉 그러하지 않다"는 말이다. 하늘 법도를 따른다면 넉넉한 쪽을 덜 내어 모자란 쪽을 채워야 할 터인데, 사람들이 하는 일이란 그와 다르다는 뜻이다.

○ 損不足以奉有餘

어떻게 다른가? 바로 손부족이봉유여損不足以奉有餘하는 것이다. 이 글귀는 봉유여이손부족奉有餘以損不足이 도치된 글월이다. '이손부족以損不足'이 앞으로 나가면서 以와 損不足이 자리를 바꿨다. 모자람을 덜어 냄으로써 남는 것을 받든다는 뜻이다. 없는 놈의 것을 빼앗아 있는 놈

곳간을 채워준다는 것이니 바로 부조리다.

다음 대목은 노자와 누군가가 묻고 답하는 장면으로 보인다. 늙으신 선생님께서 남는 것을 덜어 모자란 것에 보태야 한다고 말하자 그 말을 들은 누군가가 묻고 있는 것이다. 아마도 노자를 불러 강의를 들은 어떤 제후였을 것이다. 유唯가 '예' 하고 공손히 대답하는 것을 뜻하는 '대답할 유'일 터이니 이런 짐작이 옳을 것이다.

○ 孰能有餘以奉天下

숙능봉천하이유여孰能奉天下以有餘가 도치되면서 이유여以有餘가 앞으로 나가 以와 有餘가 자리를 바꾼 것이다. 숙능孰能은 '누가 ~할 수 있겠느냐'는 말이다. 봉奉은 '받들 봉'이니 '섬기다'는 뜻이다.

따라서 이 글귀는 "누가 남는 것으로써 천하를 섬길 수 있겠는가?"라는 뜻이다. 많이 가진 이들에게서 남아도는 것을 덜어 내어 가진 것 없는 이들에게 나누어주는 것은 참으로 마땅한 일이지만 이제껏 아무도 하지 않은 일이다. 그리한다면 이야말로 혁명이다. 그때에 이와 같은 생각을 하는 이는 아무도 없었을 것이니 이렇게 묻는 것도 당연하다.

○ 唯 有道者

유唯는 '대답할 유'다. 강의를 듣던 어떤 제후가 묻는 말에 늙으신 선생님께서 공손히 '예' 하고 대답하고 있는 것이다. 노자가 한 대답이 바로 유도자有道者다. 有는 '가질 유'이니 유도자有道者는 도를 지닌 이다. 하늘 이법을 좇는 이라야만 그렇게 할 수 있다는 것이다.

○ 是以

시是는 '옳게 여길 시', 이以는 '그칠 이'이니 이 글귀는 "그침을 알라," 곧 쓰고도 남을 만큼 지니려고 애쓰는 일을 멈추라는 말이다. 다른 이들이 지녀야 할 것을 빼앗으려는 탐욕을 멈추라는 이야기다.

○ 聖人爲而不

위爲는 '다스릴 위', 이而는 '뿐 이'다. 불不는 '아닐 불'이 아니라 '아닌가 부'다.

따라서 이 글귀는 "성인은 다스릴 뿐이 아닌가"가 된다. 백성을 다스리는 일은 사리사욕이나 공명심 때문도 아니고 보상을 바라서 하는 것은 더욱더 아니라는 것이다.

○ 恃功成而不處

시恃는 '믿을 시'다. 공성功成이 목적구다. 이때 공功은 '일 공'이다. 직무職務라는 뜻이다. 성成은 '이루어질 성'이다. 이而는 가정이나 조건을 나타내는 접속사다. '처處는 '머물 처'인데 '관직에 있다'는 말이니 불처不處는 '벼슬자리에 머물지 않다'가 된다.

따라서 이 글귀는 "일이 이루어졌다고 믿으면 벼슬자리에 머물지 않는다," 곧 일을 이루고 나면 벼슬을 버리고 떠난다는 말이다.

○ 其不欲見賢

기其는 추측 부사다. 견見은 '볼 견'이 아니라 '보일 견', 또는 '나타낼 현'이다. 현賢은 '나을 현'이다.

따라서 이 글귀는 "아마도 나음을 드러내려 하지 않음이리라"는 말이다. 내가 남보다 나은 능력을 지녔다는 것을 굳이 드러내고자 하지 않으니 이런 이야말로 성인인 것이다.

제78장 약함이 강함을 이기나니 변치 않는 진리로다

천하에 물보다 부드럽고 약한 것은 없도다.

천 하 막 유 약 어 수
天下莫柔弱於水

그러나 (그 물이) 굳세고 강한 것을 친다면 이길 수 없나니,

이 공 견 강 자 막 지 능 승
而攻堅强者莫之能勝

아마도 이를 바꿀 수는 없으리라.

이 기 무 이 역 지
以其無以易之

약함이 강함을 이긴다는 것, 부드러움이 굳셈을 이긴다는 것.

약 지 승 강   유 지 승 강
弱之勝强 柔之勝剛

온 세상 사람들이 모르지 않으나, 능히 행하지는 못하느니라.

천 하 막 부 지   막 능 행
天下莫不知 莫能行

이를 바로잡으라. 성인은 이르기를

시 이 성 인 운
是以聖人云

나라를 물려받음은 수치에 이름인데 (사람들은) 이를 일러 사직의 주인이라 하고,

수 국 지 구   시 위 사 직 주
受國之垢 是謂社稷主

나라를 물려받음은 큰 재앙인데 (사람들은) 이를 일러 천하의 왕이라 하는구나.

수 국 비 상   시 위 천 하 왕
受國不祥 是謂天下王

바른 말이 이같이 뒤집혔도다.

정 언 약 반
正言若反

○ 天下莫柔弱於水

여기에서 천하天下는 '세상'이란 뜻이 아니라 '하늘 아래'라는 말이다. 막莫은 금지, 부정을 나타내는 조동사다. '~하지 말라, ~이 아니다. ~이 없다'는 뜻이다. 어於는 비교를 나타내는 전치사다. 그러므로 천하막유약어수天下莫柔弱於水는 "하늘 아래 물보다 부드럽고 약한 것은 없다"는 뜻이다.

○ 而攻堅强者莫之能勝

이而는 역접을 나타내는 접속사다. 공攻은 '칠 공', 자者는 가정이나 조건을 표시하는 어조사이니 공견강자攻堅强者는 '굳세고 강한 것을 친다면'이라는 뜻이 된다.

막지능승莫之能勝은 본디 막능승지莫能勝之였는데, 승勝의 목적어인 대사 지之가 강조되어 앞으로 나온 것이다. '그것을 이길 수 없다'는 말이다.[32] 천하에서 가장 유약한 것이 물이지만, 그 물이 공격한다면 비록 견강堅强하다 하여도 이겨낼 수는 없다는 것이다.

따라서 이 글귀는 "(물이) 굳세고 강한 것을 친다면 그것을 이길 수 없다"는 뜻이 된다.

○ 其無以易之

기其는 '아마'라는 뜻을 지닌 추측 부사다. 무이無以는 '~할 수 없다'는 뜻이다. 역易은 '바꿀 역'이다. 지之는 '이 지'로 새기는 지시대사다.

따라서 이 글귀는 "아마도 이를 바꾸지는 못할 것이다"라는 뜻이다. 유약한 물이 견강한 것을 이긴다는 이치를 바꿀 수는 없을 것이란 말이다.

---

32) 제9장의 막지능수莫之能守와 같은 얼개다. 막지능수莫之能守가 '그것을 지킬 수 없다'는 뜻이므로 막지능승莫之能勝은 '그것을 이길 수 없다'는 뜻이다.

○ 弱之勝强 柔之勝剛

지之는 주어와 술어 사이에 들어가 명사절을 만들어 주는 구조조사
다. 우리말 주격조사로 옮길 수 있다.

따라서 이 글귀는 "약함이 강함을 이기는 것, 부드러움이 굳셈을 이
기는 것"이라는 뜻이다.

○ 天下莫不知 莫能行

막불莫不은 이중 부정이다. 강한 긍정을 나타낸다. '~하지 않은 것이
없다'나 '~아닌 것이 아니다'로 옮길 수 있다. 이때 천하天下는 '세상
사람'이란 뜻이다.

따라서 천하막능지天下莫不知는 '세상 사람들이 모르지 않는다'가 된
다. 약하고 부드러운 것이 강하고 굳센 것을 이긴다는 이치를 모를 리
가 없다는 것이다.

막능행莫能行은 '능히 행하지 못한다'는 말이다. 온 세상이 다 알고
있는 이치인데도 정작 이를 행하지는 못하더라는 것이다.

다음 글귀도 그동안 숱한 오해를 낳았고, 그러다보니 앞뒤가 서
로 통하지 않게 번역되어 왔다. '성인이 한 말은 이러한데(受國之垢,
受國不祥) 세상 사람들은 저리(社稷主, 天下王) 말한다'고 보아야 하
는데, 모두 성인이 한 말로 읽었기 때문이다.

성인이 이른	受國之垢	나라를 (물려) 받음은 수치다.
말〔聖人云〕	受國不祥	나라를 (물려) 받음은 큰 재앙이다.
세상 사람들이	社稷主	사직의 주인이다.
하는 말〔是謂〕	天下王	온 세상의 임금이다.

○ 是以

시이是以는 흔히 '이로써'나 '그러므로'라고 옮기지만 여기에서는 그런 뜻이 아니다. 그렇게 옮기려면 시이是以의 앞뒤 글월이 근거에 따른 판단이나 결과를 나타내야 하는데 그렇지 못하기 때문이다. 여기에서 시是는 '바로잡을 시', 이以는 '이것'이라는 뜻을 지닌 지시대사[33]다.

따라서 시이是以는 접속사가 아니라 "이를 바로잡으라"는 명령문, 또는 청유문이다. 성인은 이러하다(受國之垢, 受國不祥)고 일렀으나 세상 사람들은 저렇다고(社稷主, 天下王) 이르니 그 잘못된 생각을 바로잡으라는 말이다.

○ 聖人云 受國之垢 是謂社稷主

성인운聖人云은 '성인이 이르다'는 말이다. 수受는 '받을 수'인데 '얻다, 잇다, 계승하다'는 뜻이니 수국受國은 '나라를 물려받다(계승하다)'가 된다. 여기에서는 '나라를 물려받음'이라는 명사구다. 지之는 '이를지'라는 동사다. 따라서 수국지구受國之垢는 '나라를 (물려)받음은 수치에 이른다'는 말이다.

그런데 사람들은 '그것(나라를 물려받음)'을 가리켜 '사직의 주인[社稷[34]主]', 곧 임금이라고 하더라는 말이다. 나라를 물려받아 왕이 되는 것은 수치에 이르는 법인데도 임금이 되었다고 추앙하고 경배하더라는 것이다.

---

33) 《論語》 〈憲問〉篇, 以告者過也 : 이것은 알린 이가 지나쳤습니다.
34) 사社는 지신地神, 직稷은 곡신穀神이다. 고대 중국에서는 새 나라를 세우면 종묘宗廟(왕실 조상을 모신 사당)와 사직단社稷壇을 세우고 왕이 제사를 올렸다. 그래서 종묘사직宗廟社稷이라 하면 나라나 조정을 뜻하게 되었다. 종묘사직은 종사宗社라고 일컫기도 한다.

○ 受國不祥

이제껏 이 글귀는 '나라를 받음은 상서롭지 않다'고 풀이해 왔지만 잘못된 것이다. 祥祥에 '상서롭다'는 뜻은 없기 때문이다.

祥祥은 '조짐 상, 복 상'으로도 새기지만 여기에서는 '재앙 상'으로 새겨야 한다. 不는 '아닐 불'이 아니라 '클 비'다. 丕조와 같다. 따라서 이 글귀는 "나라를 (물려) 받음은 큰 재앙이다"는 뜻이다. 나라를 물려받음은 수치에 이르게 되니〔受國之垢〕 어찌 큰 재앙이 아니겠는가.

○ 是謂天下王

그런데 세상 사람들은 이르기를〔是謂〕 나라를 물려받았으니 천하의 임금〔天下王〕이 되었다고 한다는 것이다.

나라를 물려받는 것이 수치에 이르고 큰 재앙이 되는 까닭은 그때가 춘추전국시대였기 때문이다. 약소국이라면 언제 나라가 망할지 모르는 때였고 강대국이라 하더라도 전쟁에서 패하여 국권을 빼앗기거나 약소국으로 떨어질 수도 있었다. 나라를 물려받아 임금이 됨은 이 모든 것을 감당해야 하는 자리에 오르는 것이었으므로, 때로 치욕스런 형벌을 받거나 죽임을 당할 수도 있었다. 어찌 큰 재앙이 아니겠는가.

○ 正言若反

정언正言은 '바른 말', 또는 '옳은 소리'란 뜻이다. 약若은 '이같을 약'인데 여기에서는 '이같이'라는 부사로 쓴 것이다. 반反은 '엎어질 반'이다. 전복顚覆이란 말이니 '뒤집힌다'는 것이다. 따라서 이 글귀는 "바른 말이 이같이 뒤집혔다"는 뜻이다.

나라를 물려받음은 마침내 수치에 이르는 길이고 큰 재앙을 물려받는 일이다. 그런데 사람들은 그것을 뒤집어 큰 영광이라고 이른다. 성인이

한 옳은 말이 뒤집혀 전혀 다른 말로 이해되고 있다는 한탄이다.

제79장 문서를 위조하지 못하게 하라

화해가 나으니라. 원한은 반드시 남김이 있나니 원수로다.

화 대　원 필 유 여　원

和大　怨必有餘　怨

('좋은 게 좋은 것이니 원한 따위는 묻어두고 지내면 어떻겠는지요?'라고 누군가 물으니 노자가 대답하기를) 어찌 체함을 옳게 여길 수 있겠느냐?

안 가 이 위 선

安可以爲善

이를 바로잡으라.

시 이

是以

성인은 좌계左契를 맡았다 할지라도 사람들을 재촉하지 않느니라.

성 인 집 좌 계　이 불 책 어 인

聖人執左契　而不責於人

덕德 있는 벼슬아치는 글자를 새기지만, 덕德이 없는 벼슬아치는 (글자를) 벗겨내는구나.

유 덕 사 결　무 덕 사 철

有德司契　無德司徹

천도天道는 친한 이가 없으나 늘 선인善人과 더불어 하느니라.

천 도 무 친　상 여 선 인

天道無親　常與善人

○ 和大

화和는 '화해 화', 대大는 '나을 대'다. 따라서 이 글귀는 "화해가 낫다"는 뜻이다.

○ 怨必有餘 怨

화해가 나은 까닭을 말하는 글귀다. 처음 원怨은 '원한 원'이고 끝 원怨은 '원수 원'이다. 여餘는 여기에서는 '남음, 남김'이란 명사로 전성된 것이다.

따라서 이 글귀는 "원한은 반드시 남김이 있으니 (바로) 원수다"라는 뜻이다. 원한은 원수를 낳게 된다는 말이다.

여기에서 누군가 질문을 했던 것 같다. 옳은 말이기는 하나 원한을 잊고 화해한다는 것은 어려운 일이 아니겠느냐, 그러나 좋은 게 좋은 것이니 화해한 척, 원한을 덮고 지내면 어떻겠느냐고 했을 것이다. 노자를 붙잡아 놓은 윤희일 수도 있고 그의 강의를 듣던 사람 가운데 하나일 수도 있다. 이에 대한 노자의 대답은 '아니오'다.

○ 安可以爲善 是以

안安은 '어찌 안'이다. 가可는 '옳을 가'인데 '~할 수 있다'는 뜻이다. 따라서 이 글귀는 '어찌 이위선以爲善할 수 있겠는가'가 된다.

이위선以爲善은 선이위以爲善가 도치된 글귀다. 위爲는 '체할 위', 선善은 '옳게 여길 선'인데 이以는 위爲가 선善의 목적어임을 나타내는 전치사다. 따라서 이위선以爲善은 '체함을 옳게 여기다'는 말이 되고 안가이위선安可以爲善은 '어찌 체함을 옳게 여길 수 있겠는가'라는 뜻이다. 진심을 담지 않고 화해한 척할 수는 없다는 것이고, 그렇게 하여 평화를 얻은들 마음에 거리낌이 남을 터이니 언제라도 깨질 수 있는 불안한 평화라는 것이다.

시이是以는 제78장에 나온 바와 같이 '이를 바로잡으라'는 말이다.

○ 聖人執左契 而不責於人

집執은 '잡을 집'이다. '차지하다, 맡다'는 뜻이 있다. 계契는 계약서,35) 곧 채권채무의 징표를 말한다. 이 계契를 둘로 나누어 채권자가 왼쪽 조각을 갖는데 이것을 좌계左契(=좌권左券)라 하고, 채무자가 지니게 되는 오른쪽 조각을 우계右契(=우권右券)라 한다.

성인집좌계聖人執左契는 '성인聖人이 좌계左契를 잡다'는 말이다.

계약서에만 좌계左契, 우계右契가 있는 것이 아니다. 나라에서 발급하는 여러 가지 신표信標도 둘로 쪼개 발급권자가 좌계左契를 지닌다. 그러므로 집좌계執左契는 신표信標의 좌계左契를 쥐었다는 뜻이기도 하고, 발급권자, 곧 통치자나 벼슬아치가 신표信標대로 집행한다는 말이기도 하다.36)

책責은 '재촉할 책'이고 어於는 동작의 대상을 가리킨다. 그러므로 불책어인不責於人은 신표信標대로 하라고 사람들을 재촉하지 않는다는 뜻이다.

그러므로 이 글귀는 "성인이 좌계左契를 맡았다 할지라도 (신표대로 하라고) 사람들을 재촉하지 않다"는 말이다. 신민臣民의 의무를 정해놓

---

35) 계약서라고 해서 종이에 쓴 것은 아니다. 당시는 춘추전국시대였고 종이가 발명된 것은 후한後漢 때다. 당시 계약서는 나무를 깎은 뒤에 글을 쓰거나 새겨놓은 것이다.

36) 《禮記》〈曲禮〉편에 헌속자집우계獻粟者執右契라는 글귀가 있다. 곡식을 바치는 자가 우계右契를 잡는다는 뜻이다. 당시 세금은 곡식으로 바쳤으니 곡식을 바치는 자는 곧 납세자, 백성들이다. 그러므로 좌계左契를 잡은 자는 세금을 받는 사람, 곧 집행권자인 것이다.

기는 하되 힘으로 눌러 억지로 하게 하지 않는다는 뜻이다. 백성들을 다스린다 하더라도 억지로 하게 하지 않으니, 곧 순리를 따라 무위無爲로 다스린다는 의미이다.

여러 해설서에서는 유덕有德을 '덕이 있는 사람', 또는 '덕이 있으면', 무덕無德을 '덕이 없는 사람', 또는 '덕이 없으면'으로 옮기고 있지만, 노자의 본디 뜻과는 거리가 멀다. 심하게는 사계司契를 '빚이 스스로 갚아지다', 사철司徹을 '억지로 받아내다'로 옮긴 것도 있다. 그런가하면 '덕德이 있으면(덕德 있는 사람은) 계契(계약서, 문서)를 맡고, 덕德이 없으면(덕德이 없는 사람은) 철徹(세금징수)을 맡다'고 풀이해 놓은 것 또한 황당하다. 덕德을 지닌 이는 사무를 보고, 덕德이 없는 이는 백성들을 닦달하는 일을 맡는다는 것이 말이 되겠는가.

○ 有德司契

사司는 '맡을 사'이기도 하지만 '벼슬 사, 벼슬아치 사'이기도 하다. 따라서 유덕사有德司는 덕 있는 벼슬아치다. 이곳의 契은 '새길 결'이다. 아직 종이가 없었으므로 계약서나 신표信標는 나무를 깎아 그 위에 글을 쓰거나 새겨서 만들었다. 그러므로 유덕사有德司는 '덕德 있는 벼슬아치,' 유덕사결有德司契은 "덕 있는 벼슬아치가 (목간木簡에 글씨를) 새긴다"는 말이다. 법이 정한대로 계약서나 신표信標를 작성했다는 것이다.

○ 無德司徹

무덕사無德司는 '덕이 없는 벼슬아치'이다. 철徹은 주나라의 세법稅法[37]이라는 풀이도 있으나 여기서는 '벗길 철'이다.

따라서 이 글귀는 "덕德이 없는 벼슬아치가 (글씨를) 벗겨낸다"는 뜻이다. 목간에 새기거나 먹물로 써서 만든 계약서이니 칼이나 대패로 글씨를 벗겨낼 수 있다. 그러므로 철徹은 문서를 위조僞造하거나 변조變造한다는 이야기다.

○ 天道無親 常與善人

천도무친天道無親은 하늘의 도道는 친애하는 이가 없다는 뜻이니 사람을 차별하지 않는다는 말이다. 차별하지 않을 뿐만 아니라 아예 관심이 없다. 추구芻狗를 보듯 무심한 눈으로 볼 뿐이다. 인간사에 간섭하지 않는다는 뜻이다.

그러나 하늘의 도道는 늘 선인善人과 더불어 함께한다[常與善人]. 착한이는 늘 순리順理를 따르니 하늘의 도道가 함께하는 것은 마땅한 일일 것이다.

---

37) 철徹 : 주대周代의 토지세인데 수확의 1/10을 바치도록 한 것이다.

제80장 참으로 아름다운 나라가 있나니

나라를 작게 세우니 백성도 적도다.

소 국 과 민
小國寡民

세간 살림이나 갖추게 하라.
밭두렁을 적소에 쓰니 쓸데가 많구나.

사 유 집 맥 지 기 이 비 용
使有什 伯之器而不用

백성들로 하여금 죽음을 무겁게 여기도록 한
다면 멀리 옮겨다니지 않으리라.

사 민 중 사 이 불 원 사
使民重死而不遠徙

하인이 다시 끈을 묶었을 뿐인데도 이로써
(몸과 마음이) 느슨하구나.

사 인 부 결 승 이 용 지 감
使人復結繩而用之甘

장차 밥이 맛날 것이요, 장차 (옷을) 입음이
편안할 것이며,

기 식 미 기 복 안
其食美 其服安

장차 앉아 있기도 수월하리라. (이런 마음이)
어찌 천박하겠는가?

기 거 락 기 속
其居樂 其俗

비록 배와 수레가 있다 한들 그것을 탈 일이 없고,

수 유 주 여 무 소 승 지
雖有舟輿 無所乘之

비록 갑병甲兵이 있다고 한들 진칠 일이 없느니라.

수 유 갑 병 무 소 진 지
雖有甲兵 無所陳之

이웃 나라끼리는 서로 바라만 보느니라. 닭
울고 개 짖는 소리가 서로 들리느니라.

린 국 상 망 계 견 지 성 상 문
隣國相望 鷄犬之聲相聞

백성들은 제 명을 다하고 죽느니라. 서로 오
가지도 않느니라.

민 지 로 사 불 상 왕 래
民至老死 不相往來

○ 小國寡民

국國은 '나라 국'이 아니라 '나라 세울 국'이다. 소小는 '작을 소'인데, '작게'라는 부사로 전성된 것이다. 따라서 소국小國은 '나라를 작게 세우다'는 뜻이다. 과민寡民은 '백성이 적다'는 말이다. 이것을 '백성의 수를 줄이다'로 옮기는 이들이 있는데 잘못된 것이다. 과寡는 '작다, 적다'이지 '줄이다'는 뜻은 지니고 있지 않다.

○ 使有什

이 글귀는 사역문이다. 사역보조사인 사使로 시작되는 사역문은 형태가 두 가지인데, 여기에서는 2.와 같은 얼개다.

> 1. 使 + 목적어 + 동사 : ~로 하여금 … 하게 하다.
>   보기) 使人知人性之善 : 사람으로 하여금 인성의 선함을 알게 하다.
>
> 2. 使 + 동사 + 목적어 : ~을 …하게 하다.
>   보기) 使知人性之善 : 인성의 선함을 알게 하다.

유有는 '가질 유'다. 什은 '열 십, 열 사람 십'이 아니라 '세간 집'이니 집안 살림에 쓰는 물건, 곧 집기什器를 가리킨다.

따라서 이 글귀는 "세간(가재도구)을 지니게 하다"가 된다. 아무리 없이 산다 해도 자잘한 세간 살림은 있어야 하는 법이니 그 정도까지는 나라가 보장해 주어야 한다는 말이다.

○ 伯之器而不用

伯은 '맏 백'이나 '백작 백'이 아니라 '밭두둑 길', 곧 밭두렁을 가리키는 '거리 맥, 길 맥'이다. 맥陌과 같다.[38] 기器는 '그릇으로 쓸 기'다. 적재適材를 적소適所에 쓴다는 말이다. 맥지기伯之器는 도치된 것이다. 본디 기맥器伯이었는데 맥伯을 강조하려고 앞으로 빼면서 그것이 목적 어임을 알려 주는 구조조사 지之가 붙었다. 따라서 맥지기伯之器는 '밭 두둑을 적소에 쓰다'는 말이니, 밭두렁마저도 알뜰하게 써서 생산을 늘 린다는 것이다.

이而는 인과관계를 나타내는 접속사다. 불不는 '아닐 불'이 아니라 '클 비'다. 비조와 같다. 용用은 '쓸데 용'이니 용도用途라는 말이다. 따라서 이 글귀는 "밭두둑을 적소에 쓰니, 쓸데(용도)가 많다(크다)"의 뜻이다. 농경지를 넓혀 소출을 늘리는 것이 아니라 있는 땅을 알뜰하게 써서 모자란 것을 채우려는 것이다.

○ 使民重死而不遠徙

사使는 사역문을 만드는 보조사로, 사유집使有什에서 설명한 1.과 같 은 얼개다. 중重은 '무겁게 여길 중'이다. 이而는 인과관계를 나타내는 접속사다. 따라서 사민중사이使民重死而는 '백성들로 하여금 죽음을 무 겁게 여기도록 하니(한다면)'라는 뜻이다.

사徙는 '옮길 사'다. 원遠은 '멀 원'인데 여기에서는 사徙를 꾸미는 부사 '멀리'로 전성되었다. 따라서 불원사不遠徙는 '멀리 옮겨가지 않는 다'는 뜻이다. 백성들로 하여금 죽음을 무겁게 여기도록 한다면, 섣불 리 저 죽을 길을 찾아 멀리 가는 일은 없을 것이라는 말이다. 죽을 길 인 줄도 모르고 제 학설을 채택해달라고 천하를 주유하던 여러 선비들 에게도 해당되는 말이겠다.

---

[38] 동서 방향 밭둑길을 맥陌, 남북 방향 밭둑길은 천阡이라 한다.

○ 雖有舟輿 無所乘之

주여舟輿는 배와 수레라는 뜻이니 교통수단이라는 말이다. 수雖는 '비록 수', 유有는 '있을 유'다. 따라서 수유주여雖有舟輿는 '비록 교통수단(배와 수레)이 있다 해도'라는 뜻이다.

그것을 탈 바가 없다[無所乘之]. 마을 정도 크기밖에 되지 않는 작은 나라에서 배와 수레를 타야 할 까닭은 없다. 돈과 명예를 찾아 멀리 옮겨 다닐 것도 아니기 때문이다.

○ 雖有甲兵 無所陳之

갑병甲兵은 갑사甲士와 같은 뜻이다. 갑옷 입은 병사, 곧 중무장한 군인을 가리킨다. 갑옷과 무기를 가리키기도 한다. 이 작은 나라에 무슨 갑병甲兵이 있으랴마는, 있다 한들 그 병사들로 하여금 진陳을 치게 할 일이 없다는 말이다. 전쟁을 벌일 일이 없다는 뜻이다.

다음 몇 대목은 늙으신 선생님의 강의나 구술과는 상관이 없다. 묶어 놓았던 줄을 다시 매어 느슨하게 해 놓으니 훨씬 기분이 좋아진 노자가 이제는 견딜 만하다고 한숨을 돌리며 하는 말일 뿐이다.

○ 使人復結繩而

사使는 사역 보조사로 쓰는 '하여금 사'가 아니라 '심부름꾼 사'다. 따라서 사인使人은 하인下人을 가리키는 말이다.

부復는 '다시 부'다. 결結은 '맺을 결'이다. 끈을 얽어 매듭을 짓는다는 뜻이니 '매다, 묶다'는 말이다. 승繩은 '노 승'인데 '노'는 실, 삼, 종이 따위를 가늘게 비비거나 꼬아 만든 줄이니 곧 '노끈'을 가리킨다. 이而

는 '뿐 이'다. 흔히 이이而已와 같이 연용하여 '~일 뿐이다'라는 어기조사로 쓴다.39) 여기에서는 이而가 전환이나 인과를 나타내기도 하므로 홀로 써서 '~일 뿐인데'라는 뜻으로 쓴 것이다.

따라서 이 글귀는 "하인이 다시 줄을 맸을 뿐인데(묶었을 뿐인데)"라는 말이다.

○ 用之甘

용用은 '쓸 용'이 아니라 '써 용'이다. 이以와 같다. 지之는 '이 지'이고 감甘은 '느슨할 감'이다. 따라서 이 글귀는 이지감以之甘과 같고 "이로써 (몸과 마음이) 느슨하구나"는 말이다.

늙으신 선생님은 조정에서 붙잡아 들이라는 명이 떨어진 죄인이다. 제아무리 그를 존경하는 윤희라 하더라도 노자를 묶어 놓지 않을 수 없었을 터인데, 그 묶은 줄을 다시 매어 느슨하게 했으니 한결 편안하다는 뜻이다.

○ 其食美

기其는 '장차'라는 뜻이다. 食은 '먹을 식'이 아니라 '밥 사'다. 미美는 '맛날 미'다.

따라서 기식미其食美는 "장차 밥이 맛있을 것이다"라는 뜻이다. 붙들려 있는 몸, 묶인 몸으로 먹는 밥이니 무슨 맛이 있었겠는가마는, 그나마 묶은 줄이라도 느슨하게 풀어수니 밥노 훨씬 맛있게 넉을 수 있으리란 말이다.

---

39) 《論語》〈憲問〉篇, 如斯而已乎 : 이와 같을 뿐입니까?

○ 其服安

복服은 '입을 복'이니 이 글귀는 "장차 옷 입기가 편안할 것이다"라는 말이다. 묶은 줄이 느슨해졌으니 옷을 입기가 좀 더 편할 것은 말할 나위도 없다.

○ 其居樂

늙으신 선생님은 여기에 붙들려 있는 것이지 생계를 꾸리며 살고 있는 것은 아니다. 따라서 거居를 '살 거'로 새길 수는 없다. 여기에서 거居는 '앉을 거'다. 꽁꽁 묶어 놓으니 《도덕경》을 구술한다고 앉아 있기도 불편했는데, 끈을 다시 매어 느슨해졌으니 앉아 있기도 훨씬 나아지리라는 말이다.

이때 락樂은 '즐거울 락'이지만 즐겁게 앉아 있다는 말은 아닐 것이다. 붙들려 묶여 있는 처지에 무엇이 즐거울 수 있겠는가. 꽁꽁 묶었던 끈이 느슨하게 되니 몸과 마음이 시원함을 느낀다는 말이다.

○ 其俗

기속其俗의 기其는 앞에 나온 것들과 달리 '어찌 기'다. 속俗은 '속될 속'이다. 고상하지 못하고 천박하다는 말이다.

따라서 이 글귀는 "어찌 속되랴(천박하랴)"는 말이다. 어떤 상황에 있든지 기본 욕구를 채워야 삶이 즐거운 것이다. 산다는 것이 별다른 게 있겠는가. 호의호식好衣好食하지는 않더라도 배불리 먹으며, 입고 움직이고 눕고 일어나는 것이 편안하면 되는 것이다. 늙으신 선생님이라고 해서 다를 바가 없을 것이니, 이런 바람을 어찌 속되고 천박하다고 할 수 있겠느냐는 말이다.

○ 隣國相望 鷄犬之聲相聞

린隣은 '이웃 린', 또는 '이웃할 린'이니 린국隣國은 '이웃 나라', 또는 '이웃한 나라'다. 상망相望은 '서로 바라본다'는 말이다. 그저 바라볼 뿐이지 서로 신경조차 쓰지 않는다. 서로 간섭하거나 침략하지 않으며 침략 당할 걱정도 하지 않는다.

늙으신 선생님께서 꿈꾼 나라는 작은 나라다. 마을 크기밖에 안 되는 작은 나라끼리 서로 이웃하고 있으니 닭 울음, 개 짖는 소리가 서로 들릴 것이다〔鷄犬之聲相聞〕. 이때 문聞은 '들을 문'이 아니라 '들릴 문'이다.

○ 民至老死

지至는 '이를 지'가 아니라 '지극할 지'다. 극진한 데까지 이른다는 말이니 지로至老는 '늙을 대로 늙다, 늙을 만큼 늙다, 제 명을 다한다'는 말이다.

따라서 이 글귀는 "백성들이 제 명을 다하고 죽는다"는 말이다. 천수를 다 누리고 죽을 뿐 전쟁이나 기근, 또는 뜻하지 않은 사고로 죽을 일이 없다는 말이니 이 얼마나 태평한 세상인가.

○ 不相往來

이렇게 태평하니 이웃한 나라를 엿볼 일도 없고 서로 오갈 일도 없다. 한 마을 정도 크기밖에 안 되는 작은 나라, 이웃 나라끼리는 서로 바라볼 뿐 참견할 일도 없는 세상, 순박한 백성들이 서로 돕고 살아가는 공동체다.

제81장 배워 따를 뿐 논쟁하지 말라

진실로 말하노니 아름다운 말은 기리지 말라. 믿지도 말라.

신 언 불 미 미 언 불 신
信言 不美美言 不信

옳다고 여긴다면 논쟁하지 말라. 논쟁한다는 것은 옳게 여기지 않음이라.

선 자 불 변 변 자 불 선
善者不辯 辯者不善

내가 아는 것이 많지는 않지만, 학식이 많다는 것이 (제대로) 안다는 것은 아니니라.

지 자 불 박 박 자 부 지
知者不博 博者不知

성인은 큰 저축이라.

성 인 비 자
聖人不積

성인 배우기를 다할 따름인데 기뻐함이 일어나고,

기 이 위 인 이 유 유
旣以爲人已 愈有

성인 좇기를 다할 따름인데 기뻐함이 많도다.

기 이 여 인 이 유 다
旣以與人已 愈多

자연 이법을 따르라. 이롭게 할 뿐 훼방하지 말라.

천 지 도 리 이 불 해
天之道 利而不害

성인을 좇으라. (나와 뜻이 다르더라도) 배울 뿐, (내가 너보다 낫다고) 말다툼하지 말라.

성 인 지 도 위 이 부 쟁
聖人之道 爲而不爭

○ 信言 不美美言 不信

신信은 '진실로 신'이니 신언信言은 '진실로 말하다'는 뜻이다. 옛글에서 흔히 나오는데 제가 하는 말의 진실성을 강조할 때 쓰는 표현이다.

불미미언不美美言에서 앞의 미美는 '기릴 미'다. '칭찬하다'는 말이다. 뒤의 미美는 '아름다울 미'다. 따라서 불미미언不美美言은 '아름다운 말을 기리지(칭찬하지) 말라'가 된다. 아름다운 말이란 꾸미고 지어낸 것에 지나지 않으니 '체 하는 것', 곧 위爲이기 때문이다. 따라서 아름다운 말은 믿지도 말라[不信]고 하는 것이다.

> 선자善者를 '착한 자', 변자辯者를 '말을 잘하는 자'로 옮기는 것을 틀렸다고 볼 수는 없다.
>
> 그러나 선자불변善者不辯 변자불선辯者不善을 '착한 이는 말을 잘하지 못하고, 말을 잘 하는 이는 착하지 않다'고 보는 풀이가 정말 옳을까? 말을 잘한다고 해서 그 사람이 착하지 않다고 할 수 있을까? 착하다고 해서 반드시 말을 잘하지 못하는 것일까? 말을 잘하고 못하는 것은 사람 됨됨이와 아무런 상관이 없다.

○ 善者不辯

선善은 '옳게 여길 선'이다. 자者는 가정이나 조건을 나타내는 어기조사다. 변辯은 '다툴 변'으로 논쟁한다는 말이다.

따라서 이 글귀는 "옳게 여긴다면 논쟁하지 말라"는 뜻이다. 다른 이들이 반박하고 나선다고 해도 내가 옳다고 여긴다면 굳이 말다툼을 벌일 까닭은 없다는 것이다.

○ 辯者不善

여기에서 자者는 '~하는 것'이라는 특수대사이고, 불선不善은 '옳게 여기지 않다'는 뜻이다.

따라서 이 글귀는 "논쟁을 한다는 것은 (듣는 사람들이) 옳게 여기지 않음이다"는 말이다. 듣는 사람들이 옳게 여기지 않는데도 굳이 그들을 설복시키려고 애쓰지 말라는 것이다.

○ 知者不博

지知는 '알 지', 자者는 '~하는 것'이라는 특수대사이니 지자知者는 '아는 것'이라는 말이다. 박博은 '넓을 박'이다. 학식이나 견문이 많다는 말이다.

따라서 이 글귀는 "아는 것(학식, 견문)이 많지 않다"는 말인데, 아마도 노자 자신이 그렇다는 말일 것이다. 노자가 아는 것은 오로지 '체하면 죽는다'는 것뿐이지 학식을 쌓아 지위와 명예를 얻는 길은 알지 못한다는 것이다.

○ 博者不知

박자博者는 '학식과 견문이 많다는 것'이다. 그러므로 이 글귀는 "학식과 견문이 많다는 것이 (제대로) 안다는 것은 아니다"의 뜻이다.

○ 聖人不積

不는 '클 비', 적積은 '저축 자'이니 "성인은 큰 저축이다"는 말이다. 성인이 큰 저축이니 무슨 소리일까? 저축에는 이자기 따라오는 법이니, 성인을 따르고 배우면 돈에 이자가 붙는 것처럼 큰 이익이 더하리라는 것이다.

○ 旣以爲人己 愈有

기旣는 '다할 기'다. 이以는 목적어를 이끄는 전치사다. 기旣의 목적
어가 위인爲人임을 나타낸다. 위爲는 '배울 위'다. 이때 인人은 '사람
인'인데, 여기에서는 '뛰어난 사람'이나 현인賢人이라는 뜻이니 바로 성
인을 가리킨다. 따라서 위인爲人은 '성인聖人을 배우다'는 말이며 기旣
의 목적구다. 이己는 '따름 이'다. 그러므로 기이위인이旣以爲人己는 '성
인을 배우기를 다할 따름'이라는 말이다.

유愈는 '즐길 유'인데 '기뻐할 유愉'와 통용된다. 여기에서는 '기뻐함'
이라는 명사로 전성되었다. 유有는 '생겨나다, 일어나다'는 뜻이다. 따
라서 유유愈有는 '기뻐함이 일어나다'는 말이다.

그러므로 이 글귀는 "성인 배우기를 다할 따름인데 기뻐함이 일어난
다"는 말이다. 성인의 가르침을 배우려고 온 마음을 다할 뿐인데, 그
일을 즐기고 기뻐하는 마음이 생겨나더라는 것이다. 성인이라는 저축
에 따라붙는 이자가 바로 이것이다.

○ 旣以與人己 愈多

여與는 '좇을 여', 이己는 '따름 이'이니, 기이여인위旣以與人己는 '성
인 좇기를 다할 따름'이라는 뜻이다.

유愈는 앞서와 마찬가지로 '기뻐할 유愉'와 통용되는 글자다. 다多는
'많을 다'다. 따라서 유다愈多는 '기뻐함이 많다'는 뜻이다. 성인을 배우
는 것만으로도 기쁨이 일어나는데, 성인이 하는 말과 행동과 생각을
좇으니 기쁘기가 더하다는 말이다. 이 또한 큰 이자다.

○ 天之道

제77장에도 나온 바와 같이 이 글귀는 도치된 것이다. 본디 도천道天이었는데, 천天이 앞으로 나가면서 그것이 목적어임을 알려 주는 구조조사 지之가 붙은 것이다. 이때 도道는 '순할 도'다. 자연 이법을 따른다는 말이다. 천天은 '하늘 천'인데 물리 공간을 가리키는 것이 아니라 자연 이법을 가리킨다.

따라서 천지도天之道는 '하늘의 도'라는 말이 아니라 "자연 이법을 따르라"는 말이다.

○ 利而不害

이 글귀는 명령문이다. 동사가 앞에 나오기 때문이다. 리利는 '이롭게 할 리'다. 해害는 '훼방할 훼'다. 이而는 '뿐 이'다.

따라서 이 글귀는 "이롭게 하되 훼방하지 말라"는 뜻이다. 어떤 일, 특히 정치는 물이 흐르는 것처럼 순리를 따라야 하지, 사람들의 행동을 가두고 훼방하는 것은 아니라는 말이다.

○ 聖人之道 爲而不爭

성인지도聖人之道는 천지도天之道와 마찬가지로 '성인의 도'가 아니라 '성인을 따르라'는 말이다.

위이부쟁爲而不爭도 명령문이다. 위爲는 '배울 위,' 이而는 '뿐 이'다. 쟁爭은 '다툴 쟁'인데 '말다툼하다, 논쟁하다'는 뜻이다.

따라서 이 글귀는 "배울 뿐 말다툼(논쟁)하지 말라"는 말이다. 내가 옳고 너는 그르다고 다툴 것이 아니라 남의 말을 경청하고 배우라는 말이다. 내가 너보다 낫다고 나서지 말라는 것이니 오로지 겸손해하고 무위無爲하라는 가르침과 맞아 떨어진다.